BUKU MASALAH KOTAK MASALA INDIA MUKTAMAD

Perjalanan Sarat Rempah Melalui 100 Resipi Berperisa

John Takiudin

Bahan Hak Cipta ©2023

Hak cipta terpelihara

Tiada bahagian buku ini boleh digunakan atau dihantar dalam apa jua bentuk atau dengan apa cara sekalipun tanpa kebenaran bertulis yang sewajarnya daripada penerbit dan pemilik hak cipta, kecuali petikan ringkas yang digunakan dalam semakan. Buku ini tidak boleh dianggap sebagai pengganti nasihat perubatan, undang-undang atau profesional lain.

ISI KANDUNGAN

ISI KANDUNGAN 3
PENGENALAN 6
SARAPAN 7
   1. Telur Dadar Masala 8
   2. Upma 10
   3. Masala Dosa 12
   4. Penyejuk Chai 14
   5. Paratha Sumbat Bunga Kobis 16
   6. Roti Isi Bayam 18
   7. Gandum Pecah Sedap dengan Gajus 20
   8. Coklat Panas Berempah Chai 22
   9. Chai Kurdi 24
   10. Krêpes India Selatan 26
   11. Krep Tepung Chickpea 29
   12. Krim Gandum Crêpes 31
   13. Masala Tofu Scramble 33
   14. Lempeng Manis 35
   15. Bubur Chai Latte 37
PINGGAN KECIL 39
   16. Popcorn Dapur Berempah 40
   17. Masala Papad 42
   18. Poha (Nasi Leper) dengan Kacang 44
   19. Kacang Masala Panggang 46
   20. Badam dan Gajus Panggang Berempah Chai 48
   21. Petak Sayuran Bakar 50
   22. Kacang Panggang Berempah Chai 52
   23. Chickpea Poppers 54
   24. Celup Terung Bakar 56
   25. Kentang Manis Pedas 59
   26. Sandwic Salad Sayuran Sharon 62
   27. Yogurt Soya Raita 64
   28. Hummus India Utara 66
   29. Popcorn Berempah Chai 68
AYAM, KACANG DAN KENTIL 70
   30. Kacang Masala Panggang atau Lentil 71
   31. Kacang Masala Quickie atau Lentil 73
   32. Kacang Kari atau Lentil India Utara 75
   33. Kacang India Selatan dengan Daun Kari 77
   34. Kari Inspirasi Goan dengan Santan 79
   35. Kekacang Chana Masala 81
   36. Kacang Kari Punjabi 83
   37. Kari Inspirasi Sambhar Dapur 85
   38. Kacang dan Lentil yang Dimasak Perlahan 87
   39. Chana dan Belah Moong Dal dengan Serpihan Lada 89

SAYURAN 91
- 40. Tauhu Berempah, dan Tomato 92
- 41. Cumin Potato Hash 94
- 42. Hash Kentang Biji Sawi 96
- 43. Kubis Gaya Punjabi 98
- 44. Kubis dengan Biji Sawi dan Kelapa 100
- 45. Kacang String dengan Kentang 102
- 46. Terung dengan Kentang 104
- 47. Masala Brussels Sprouts 107
- 48. Bit dengan Biji Sawi dan Kelapa 109
- 49. Skuasy Masala Parut 111
- 50. Terung Bayi Sumbat Gajus 113
- 51. Bayam Berempah dengan "Paneer" 116
- 52. Tembikai Musim Sejuk Kari 118
- 53. Kentang Fenugreek-Bayam 120
- 54. Kacang Bendi 122

SALAD DAN SISI 124
- 55. Salad Kacang Pedas 125
- 56. Salad Taugeh Ibu 127
- 57. Salad Jalanan Chickpea Popper 129
- 58. Salad Jagung Jalanan 131
- 59. Salad Lobak Merah rangup 133
- 60. Delima Chaat 135
- 61. Salad Buah Masala 137
- 62. Salad India Utara Suam 139
- 63. Salad Jalanan India Sejuk 141
- 64. Salad Oren 143

SUP 145
- 65. Sup Tomato India Utara 146
- 66. Sup Susu Soya Halia 148
- 67. Sup Seitan Mulligatawny 150
- 68. Sup Hijau Berempah 153
- 69. Sup Tomato dan Tamarind India Selatan 155
- 70. Sup Lentil Berempah (Masoor Dal Soup) 157
- 71. Sup Tomato dan Jintan Manis 159
- 72. Sup Labu Berempah 161
- 73. Rasam Tomato Pedas 163
- 74. Sup Ketumbar dan Pudina 165

KARI 167
- 75. Kari Labu dengan biji pedas 168
- 76. Kari Ikan Tamarind 170
- 77. Salmon dalam Kari Berperisa Safron 172
- 78. Kari Bendi 174
- 79. Kari Kelapa Sayur 176
- 80. Kari Sayur Asas 178
- 81. Kari Kobis 180

- 82. Kari Bunga Kobis 182
- 83. Kembang Kol dan Kari Kentang 184
- 84. Sayur Campur dan Kari Lentil 186
- 85. Kentang, Kembang Kol dan Kari Tomato 188
- 86. Kari Labu 190
- 87. Tumis Sayur 192
- 88. Kari Tomato 194
- 89. Kari Labu Putih 196

PENJERAHAN **198**
- 90. Kek Cawan Chai Latte 199
- 91. Masala Panna Cotta 203
- 92. Puding Beras Masala 205
- 93. Ais Krim Chai 208
- 94. Kek Keju Masala 211
- 95. Masala Chai Tiramisu 214
- 96. Chai Spice Apple Crisp 217
- 97. Kheer Berempah Buah Pelaga (Puding Beras India) 220
- 98. Gulab Jamun 222
- 99. Kek Berempah Masala Chai 224
- 100. Kuki Berempah Chai 226

PENUTUP **228**

PENGENALAN

Di setiap dapur India, kotak masala adalah lebih daripada sekadar koleksi rempah; ia adalah kapal suci yang memegang kunci kepada harta karun perisa, simfoni aroma yang menari di udara, dan pasport untuk perjalanan masakan yang menjangkau panjang dan luas benua kecil.

Semasa kami membuka halaman buku masakan ini, bayangkan pasar rempah ratus yang sibuk di Old Delhi, di mana udara diselitkan dengan bau jintan, ketumbar dan buah pelaga yang memabukkan. Bayangkan dapur tukang masak rumah di seluruh India, di mana seni menggunakan rempah ratus telah disempurnakan selama berabad-abad, mencipta hidangan yang pelbagai seperti negara itu sendiri. "BUKU MASALAH KOTAK MASALA INDIA MUKTAMAD" ialah tiket anda ke dunia citarasa kaleidoskopik ini, menawarkan 100 resipi berperisa yang menangkap intipati tradisi masakan India.

Dalam penerokaan kami, kami meraikan bukan sahaja Bahan-bahan tetapi juga cerita, tradisi dan nuansa budaya yang menjadikan setiap hidangan sebagai ekspresi unik warisan India yang kaya. Daripada kari berapi di Selatan hingga biryani aromatik di Utara, setiap resipi adalah bukti kepelbagaian masakan yang menyatukan benua kecil yang luas dan dinamik ini.

Sama ada anda seorang tukang masak berpengalaman yang ingin menguasai selok-belok masakan India atau tukang masak di rumah yang bersedia untuk memulakan pengembaraan yang lazat, buku masakan ini adalah teman anda. Sertai saya sambil kami membongkar rahsia kotak masala, di mana alkimia rempah mengubah ramuan sederhana menjadi ciptaan yang luar biasa. Mari kita mendalami nadi dapur India, di mana setiap hidangan adalah perayaan, dan setiap hidangan adalah penghormatan kepada kesenian pengadunan rempah ratus.

Jadi, dengan namaste dan sambutan hangat, biarkan perjalanan bermula—perjalanan melalui pasar yang meriah, jalanan yang sibuk dan dapur tempat keajaiban masalas menjadi hidup. Semoga dapur anda dipenuhi dengan kemeriahan, kehangatan dan perisa yang tidak dapat dilupakan yang menjadikan masakan India nikmat yang kekal. Selamat memasak!

SARAPAN PAGI

1. Omelet Masala

BAHAN-BAHAN:
- 2-3 biji telur
- 1/4 cawan bawang besar dicincang halus
- 1/4 cawan tomato cincang
- 1-2 biji cili hijau, dihiris
- 1/4 sudu kecil biji jintan manis
- 1/4 sudu teh serbuk kunyit
- 1/4 sudu kecil serbuk cili merah
- Garam secukup rasa
- Daun ketumbar dihiris untuk hiasan

ARAHAN:
a) Pukul telur dalam mangkuk dan masukkan bawang cincang, tomato, cili hijau, biji jintan manis, serbuk kunyit, serbuk cili merah, dan garam.
b) Gaul rata dan tuang adunan ke dalam kuali yang telah digris panas.
c) Masak sehingga telur dadar ditetapkan, terbalikkan, dan masak sebelah lagi.
d) Hiaskan dengan daun ketumbar yang dihiris dan hidangkan panas.

2.Upma

BAHAN-BAHAN:
- 1 cawan semolina (sooji/rava)
- 1/2 sudu kecil biji sawi
- 1/2 sudu teh urad dal
- daun kari
- 1/2 cawan bawang cincang
- 1 sudu kecil halia parut
- 1-2 biji cili hijau, dihiris
- Sayuran campuran (lobak merah, kacang, kacang) - 1/2 cawan
- 1/4 sudu teh serbuk kunyit
- Garam secukup rasa
- Gajus untuk hiasan
- Minyak sapi untuk memasak

ARAHAN:
a) Semolina panggang dalam kuali sehingga ia bertukar menjadi perang keemasan. Mengetepikan.
b) Dalam kuali lain, panaskan minyak sapi dan masukkan biji sawi, urad dal, daun kari, bawang cincang, halia parut dan cili hijau.
c) Masukkan sayur campur dan tumis sehingga separa masak.
d) Masukkan semolina panggang, serbuk kunyit, garam, dan gaul rata.
e) Tuangkan air panas dan kacau berterusan untuk mengelakkan berketul. Masak sehingga upma kembang.
f) Dalam kuali berasingan, panggang gajus hingga kekuningan dan masukkan upma sebelum dihidangkan.

3. Masala Dosa

BAHAN-BAHAN:
- Dosa adunan
- 2-3 biji kentang, rebus dan tumbuk
- 1/2 sudu kecil biji sawi
- 1/2 sudu teh urad dal
- daun kari
- 1/2 cawan bawang cincang
- 1-2 biji cili hijau, dihiris
- 1/4 sudu teh serbuk kunyit
- 1/2 sudu teh garam masala
- Garam secukup rasa
- Minyak untuk memasak dosa

ARAHAN:
a) Dalam kuali, panaskan minyak dan masukkan biji sawi, urad dal, dan daun kari.
b) Masukkan bawang cincang, cili hijau, dan tumis sehingga bawang berwarna perang keemasan.
c) Masukkan kentang tumbuk, serbuk kunyit, garam masala, dan garam. Gaul sebati.
d) Sapukan adunan dosa pada griddle panas, masukkan sesudu adunan kentang, dan ratakan pada dosa.
e) Masak sehingga dosa garing. Hidangkan panas bersama santan kelapa dan sambar.

4.Chai Cooler

BAHAN-BAHAN:
- ¾ cawan chai, sejuk
- ¾ cawan susu soya vanila, sejuk
- 2 Sudu besar pekat jus epal beku, dicairkan
- ½ pisang, dihiris dan dibekukan

ARAHAN:
a) Dalam pengisar, satukan chai, susu soya, pekat jus epal dan pisang.
b) Kisar sehingga licin dan berkrim.
c) Hidangkan segera.

5. Paratha Sumbat Bunga Kobis

BAHAN-BAHAN:
- 2 cawan (300 g) kembang kol parut ¼ kepala)
- 1 sudu teh garam laut kasar
- ½ sudu teh garam masala
- ½ sudu teh serbuk kunyit
- 1 batch Doh Roti Asas

ARAHAN:
a) Dalam mangkuk yang dalam, campurkan bersama kembang kol, garam, garam masala, dan kunyit.
b) Setelah pengisian selesai, mulakan melancarkan doh roti. Mulakan dengan membuat Doh Roti Asas. Tarik sekeping kira-kira saiz bola golf (kira-kira 2 inci [5 cm] diameter) dan gulungkannya di antara kedua tapak tangan untuk membentuknya menjadi bola. Tekan di antara kedua-dua tapak tangan untuk meratakan sedikit, dan gulungkannya di atas permukaan yang ditaburi sedikit tepung sehingga diameternya kira-kira 5 inci (12.5 cm).
c) Letakkan sedikit (sudu besar) isi kembang kol betul-betul di tengah-tengah doh yang telah digulung. Lipat di semua sisi supaya mereka bertemu di tengah, pada dasarnya membuat segi empat sama. Celupkan kedua-dua belah segi empat sama sedikit dalam tepung kering.
d) Gulungkannya di atas permukaan yang ditaburi sedikit tepung sehingga ia nipis dan bulat, kira-kira 10 inci (25 cm) diameter. Ia mungkin tidak bulat sempurna, dan beberapa pengisian mungkin terkeluar sedikit, tetapi itu semua OK.
e) Panaskan tava atau kuali yang berat di atas api yang sederhana tinggi. Setelah panas, letakkan paratha dalam kuali dan panaskan selama 30 saat, sehingga ia cukup pejal untuk dibalikkan tetapi tidak benar-benar keras atau kering. Langkah ini penting untuk membuat Paratha yang sangat lazat. Nampak macam baru nak masak tapi masih mentah sikit. Masak selama 30 saat di sebelah bertentangan. Sementara itu, sedikit minyak bahagian yang menghadap ke atas, terbalikkan, sedikit minyak sebelah lagi, dan masak kedua-dua belah sehingga ia berwarna perang sedikit. Hidangkan segera dengan mentega, yogurt soya manis, atau acar India (achaar).

6. Roti Isi Bayam

BAHAN-BAHAN:
- 3 cawan (603 g) 100% tepung chapati gandum (atta)
- 2 cawan (60 g) bayam segar, dipotong dan dicincang halus
- 1 cawan (237 mL) air
- 1 sudu teh garam laut kasar

ARAHAN:
a) Dalam pemproses makanan, campurkan tepung dan bayam. Ini akan menjadi campuran yang rapuh.
b) Masukkan air dan garam. Proses sehingga doh menjadi bebola melekit.
c) Pindahkan doh ke dalam mangkuk yang dalam atau ke atas meja anda yang ditaburi sedikit tepung dan uli selama beberapa minit sehingga ia licin seperti doh pizza. Jika doh melekat, tambah sedikit lagi tepung. Jika terlalu kering, tambah sedikit lagi air.
d) Tarik sekeping doh kira-kira saiz bola golf (kira-kira 5 cm diameter) dan gulung di antara kedua-dua tapak tangan untuk membentuknya menjadi bola. Tekan di antara kedua-dua tapak tangan untuk meratakan sedikit, dan gulungkannya di atas permukaan yang ditaburi sedikit tepung sehingga diameternya kira-kira 5 inci (12.5 cm).
e) Panaskan tava atau kuali yang berat di atas api yang sederhana tinggi. Setelah panas, letakkan Paratha dalam kuali dan panaskan selama 30 saat, sehingga ia cukup pejal untuk dibalikkan tetapi tidak benar-benar keras atau kering.
f) Masak selama 30 saat di sebelah bertentangan. Sementara itu, sedikit minyak bahagian yang menghadap ke atas, terbalikkan, sedikit minyak sebelah lagi, dan masak kedua-dua belah sehingga ia berwarna perang sedikit.
g) Hidangkan segera dengan mentega, yogurt soya manis, atau acar India (achaar).

7. Gandum Pecah Sedap dengan Kacang Gajus

BAHAN-BAHAN:
- 1 cawan (160 g) gandum retak
- 1 sudu besar minyak
- 1 sudu kecil biji sawi hitam
- 4-5 helai daun kari, dihiris kasar
- ½ bawang kuning atau merah sederhana, dikupas dan dipotong dadu
- 1 lobak merah kecil, dikupas dan dipotong dadu
- ½ cawan (145 g) kacang polong, segar atau beku
- 1–2 cili Thai, serrano, atau cayenne,
- ¼ cawan (35 g) gajus mentah, panggang kering
- 1 sudu teh garam laut kasar
- 2 cawan (474 mL) air mendidih
- Jus 1 lemon sederhana

ARAHAN:

a) Dalam kuali tumis yang berat di atas api yang sederhana tinggi, panggang gandum retak selama kira-kira 7 minit, sehingga ia sedikit keperangan. Pindahkan ke dalam pinggan untuk menyejukkan.

b) Panaskan minyak dalam kuali yang dalam dan berat di atas api yang sederhana tinggi.

c) Masukkan biji sawi dan masak sehingga mendidih, kira-kira 30 saat.

d) Masukkan daun kari, bawang besar, lobak merah, kacang pea, dan cili. Masak selama 2 hingga 3 minit, kacau sekali-sekala, sehingga bawang mula coklat sedikit.

e) Masukkan gandum retak, gajus, dan garam. Gaul sebati.

f) Masukkan air mendidih ke dalam adunan. Lakukan ini dengan berhati-hati, kerana ia akan memercik. Saya mengambil penutup kuali besar dan memegangnya di hadapan saya dengan tangan kanan saya sambil menuang air dengan kiri saya. Sebaik sahaja air berada di sana, saya menggantikan penutup dan biarkan adunan meresap selama satu minit. Sebagai alternatif, anda boleh mematikan haba sementara semasa anda menuangkan air.

g) Setelah air masuk, kecilkan api dan masak adunan tanpa penutup sehingga semua cecair diserap.

h) Masukkan jus lemon pada akhir masa memasak. Letakkan kembali penutup pada kuali, matikan api, dan biarkan adunan selama 15 minit untuk menyerap semua perisa dengan lebih baik.

i) Hidangkan segera dengan sapuan roti bakar dengan mentega, pisang lecek atau chutney cili hijau pedas.

8.Coklat Panas Berempah Chai

BAHAN-BAHAN:
- 2 cawan susu (susu tenusu atau alternatif)
- 2 sudu besar serbuk koko
- 2 sudu besar gula (sesuai selera)
- 1 sudu teh daun teh chai (atau 1 uncang teh chai)
- ½ sudu teh kayu manis tanah
- ¼ sudu teh buah pelaga yang dikisar
- Secubit halia kisar
- Krim putar dan taburan kayu manis untuk hiasan

ARAHAN:
a) Dalam periuk, panaskan susu dengan api sederhana sehingga panas tetapi tidak mendidih.
b) Masukkan daun teh chai (atau uncang teh) ke dalam susu dan biarkan ia curam selama 5 minit. Keluarkan daun teh atau uncang teh.
c) Dalam mangkuk kecil, pukul bersama serbuk koko, gula, kayu manis, buah pelaga dan halia.
d) Pukul adunan koko secara beransur-ansur ke dalam susu panas sehingga sebati dan sebati.
e) Teruskan memanaskan coklat panas berempah, kacau sekali-sekala, sehingga mencapai suhu yang anda inginkan.
f) Tuangkan ke dalam cawan, atas dengan krim putar, dan taburkan dengan kayu manis. Hidangkan dan nikmati!

9.Chai Kurdi

BAHAN-BAHAN:
- 1 sudu besar daun teh India
- 1 kayu manis; tongkat
- air, mendidih
- kiub gula

ARAHAN:
a) Letakkan teh dan kayu manis dalam teko dan Tuangkan air mendidih.
b) Biarkan ia curam selama 5 minit.
c) Hidangkan panas bersama gula kiub.

10. Crêpes India Selatan

BAHAN-BAHAN:
- 1 cawan (190 g) beras basmati perang, dibersihkan dan dibasuh
- ¼ cawan (48 g) lentil hitam penuh dengan kulit
- 2 sudu besar gram belah (chana dal)
- ½ sudu teh biji fenugreek
- 1 sudu teh garam laut kasar, dibahagikan
- 1½ cawan (356 mL) air
- Minyak, untuk menggoreng kuali, ketepikan dalam mangkuk kecil
- ½ bawang besar, dikupas dan dibelah dua (untuk menyediakan kuali)

ARAHAN:

a) Dalam mangkuk besar, rendam beras dalam air yang banyak.

b) Dalam mangkuk yang berasingan, rendam lentil hitam, belah gram dan halba.

c) Tambah ½ sudu teh garam ke dalam setiap mangkuk. Letakkan setiap mangkuk di kawasan yang hangat (saya suka menyimpannya di dalam ketuhar yang dimatikan) dengan penutup yang longgar dan rendam semalaman.

d) Pada waktu pagi, toskan dan simpan airnya.

e) Kisar lentil dan beras bersama-sama dalam pengisar yang kuat. Tambah sehingga 1½ cawan (356 mL) air semasa anda pergi. (Anda boleh menggunakan air rendaman yang dikhaskan.)

f) Biarkan adunan selama 6 hingga 7 jam di tempat yang sedikit hangat (sekali lagi, seperti ketuhar yang telah dimatikan) untuk menapai sedikit.

g) Panaskan griddle di atas api sederhana tinggi. Masukkan 1 sudu teh minyak ke dalam kuali dan sapukan dengan tuala kertas atau tuala pinggan mangkuk.

h) Setelah kuali panas, letakkan garpu pada bahagian bawah yang belum dipotong dan dibulatkan. Sambil memegang pemegang garpu, gosokkan separuh bahagian bawang ke depan dan belakang ke atas kuali anda. Gabungan haba, jus bawang, dan minyak akan membantu mengelakkan dosa anda daripada melekat. Saya belajar ini daripada rakan keluarga India Selatan, Parvati Auntie, dan ia benar-benar membuat semua perbezaan di dunia. Simpan bawang dengan garpu yang dimasukkan berguna untuk digunakan semula di antara dos.

i) Simpan semangkuk kecil minyak di sisi dengan sudu, anda akan menggunakannya kemudian.

j) Sekarang, akhirnya pergi ke memasak! Sendukkan kira-kira ¼ cawan (59 mL) adunan ke tengah-tengah kuali panas yang telah disediakan. Dengan bahagian belakang senduk anda, perlahan-lahan buat gerakan mengikut arah jam dari tengah ke tepi luar kuali sehingga adunan menjadi nipis dan seperti crêpe.

k) Dengan sudu kecil, tuangkan aliran minyak nipis dalam bulatan di sekeliling adunan.

l) Biarkan dosa masak sehingga ia sedikit keperangan dan terkeluar sedikit dari kuali. Balikkan dan masak sebelah lagi. Setelah ia keperangan, hidangkan segera berlapis dengan jeera berempah atau kentang limau, chutney kelapa, dan sebelah sambhar.

11. Krep Tepung Chickpea

BAHAN-BAHAN:
- 2 cawan (184 g) gram (chickpea) tepung (besan)
- 1½ cawan (356 g) air
- 1 bawang kecil, dikupas dan dicincang (kira-kira ½ cawan [75 g])
- 1 keping akar halia, dikupas dan diparut atau dikisar
- 1–3 cili Thai, serrano, atau cayenne hijau, dicincang
- ¼ cawan (7 g) daun fenugreek kering (kasoori methi)
- ½ cawan (8 g) ketumbar segar, dicincang
- 1 sudu teh garam laut kasar
- ½ sudu teh ketumbar kisar
- ½ sudu teh serbuk kunyit
- 1 sudu teh serbuk cili merah atau Minyak cayenne, untuk menggoreng kuali

ARAHAN:

a) Dalam mangkuk yang dalam, campurkan tepung dan air sehingga rata. Saya suka bermula dengan pemukul dan kemudian menggunakan belakang sudu untuk memecahkan gumpalan kecil tepung yang biasanya terbentuk.

b) Biarkan campuran selama sekurang-kurangnya 20 minit.

c) Masukkan baki Bahan, kecuali minyak, dan gaul rata.

d) Panaskan griddle di atas api sederhana tinggi.

e) Tambah ½ sudu teh minyak dan sapukan di atas griddle dengan belakang sudu atau tuala kertas. Anda juga boleh menggunakan semburan memasak untuk meratakan kuali.

f) Dengan senduk, tuangkan ¼ cawan (59 mL) adunan ke tengah kuali. Dengan bahagian belakang senduk, ratakan adunan dalam gerakan bulat, mengikut arah jam dari tengah ke arah luar kuali untuk menghasilkan lempeng nipis bulat kira-kira 5 inci (12.5 cm) diameter.

g) Masak poora sehingga sedikit perang pada satu sisi, kira-kira 2 minit, dan kemudian balikkan untuk masak di sebelah yang lain. Tekan dengan spatula untuk memastikan bahagian tengah juga masak.

h) Masak adunan yang tinggal, tambah minyak mengikut keperluan untuk mengelakkan melekat.

i) Hidangkan dengan sampingan Mint atau Peach Chutney saya.

12. Krim Krêpes Gandum

BAHAN-BAHAN:
- 3 cawan (534 g) krim gandum (sooji)
- 2 cawan (474 mL) yogurt soya kosong tanpa gula
- 3 cawan (711 mL) air
- 1 sudu teh garam laut kasar
- ½ sudu teh lada hitam tanah
- ½ sudu teh serbuk cili merah atau cayenne
- ½ bawang kuning atau merah, dikupas dan dipotong dadu halus
- 1–2 cili Thai, serrano, atau cayenne hijau, dicincang
- Minyak, untuk menggoreng kuali, ketepikan dalam mangkuk kecil
- ½ bawang besar, dikupas dan dibelah dua (untuk penyediaan kuali)

ARAHAN:

a) Dalam mangkuk yang dalam, campurkan bersama krim gandum, yogurt, air, garam, lada hitam, dan serbuk cili merah dan ketepikan selama 30 minit untuk ditapai sedikit.

b) Masukkan bawang besar dadu dan cili. Gaul perlahan-lahan.

c) Panaskan griddle di atas api sederhana tinggi. Masukkan 1 sudu kecil minyak ke dalam kuali.

d) Setelah kuali panas, letakkan garpu pada bahagian bawang yang belum dipotong dan dibulatkan. Sambil memegang pemegang garpu, gosokkan separuh bahagian bawang ke depan dan belakang ke atas kuali anda. Gabungan haba, jus bawang, dan minyak membantu mengelakkan dosa anda daripada melekat. Simpan bawang dengan garpu yang dimasukkan berguna untuk digunakan semula di antara dos. Apabila ia menjadi hitam dari kuali, hanya hiris nipis bahagian hadapan.

e) Simpan semangkuk kecil minyak di sisi dengan sudu—anda akan menggunakannya kemudian.

f) Sekarang, akhirnya pergi ke memasak! Sendukkan sedikit lebih daripada ¼ cawan (59 mL) adunan ke tengah-tengah kuali panas anda yang telah disediakan. Dengan bahagian belakang senduk anda, perlahan-lahan buat gerakan mengikut arah jam dari tengah ke tepi luar kuali sehingga adunan menjadi nipis dan seperti crêpe. Jika adunan mula menggelegak serta-merta, kecilkan api anda sedikit.

g) Dengan sudu kecil, tuangkan aliran minyak nipis dalam bulatan di sekeliling adunan.

h) Biarkan dosa masak sehingga ia sedikit keperangan dan ditarik dari kuali. Balikkan dan masak sebelah lagi.

13. Masala Tofu Scramble

BAHAN-BAHAN:
- Pakej 14 auns tauhu organik lebih pejal
- 1 sudu besar minyak
- 1 sudu kecil biji jintan manis
- ½ bawang putih atau merah kecil, dikupas dan dikisar
- 1 keping akar halia, kupas dan parut
- 1–2 cili Thai, serrano, atau cayenne hijau, dicincang
- ½ sudu teh serbuk kunyit
- ½ sudu teh serbuk cili merah atau cayenne
- ½ sudu teh garam laut kasar
- ½ sudu teh garam hitam
- ¼ cawan (4 g) ketumbar segar, dicincang

ARAHAN:

a) Hancurkan tauhu dengan tangan anda dan ketepikan.

b) Dalam kuali leper yang berat, panaskan minyak di atas api yang sederhana tinggi.

c) Masukkan jintan manis dan masak sehingga biji mendesis, kira-kira 30 saat.

d) Masukkan bawang besar, akar halia, cili, dan kunyit. Masak dan perang selama 1 hingga 2 minit, kacau untuk mengelakkan melekat.

e) Masukkan tauhu dan gaul rata untuk memastikan keseluruhan adunan bertukar kuning dari kunyit.

f) Masukkan serbuk cili merah, garam laut, garam hitam (kala namak), dan ketumbar. Gaul sebati.

g) Hidangkan bersama roti bakar atau gulung dalam roti suam atau bungkus paratha.

14. Lempeng Manis

BAHAN-BAHAN:
- 1 cawan (201 g) 100% tepung chapati gandum
- ½ cawan (100 g) gula pasir
- ½ sudu teh biji adas
- 1 cawan (237 mL) air

ARAHAN:

a) Campurkan semua Bahan bersama dalam mangkuk yang dalam dan biarkan adunan selama sekurang-kurangnya 15 minit.

b) Panaskan griddle atau kuali yang telah disapu sedikit minyak di atas api yang sederhana tinggi. Tuang atau cedok adunan ke atas griddle, menggunakan kira-kira ¼ cawan (59 mL) untuk setiap poora. Caranya ialah dengan melebarkan adunan sedikit dengan bahagian belakang senduk dari tengah mengikut arah jam tanpa menipiskannya terlalu banyak.

c) Perang di kedua-dua belah dan hidangkan panas.

15. Bubur Chai Latte

BAHAN-BAHAN:
- 180ml susu separuh skim
- 1 sudu besar gula perang lembut lembut
- 4 biji buah pelaga, belah terbuka
- 1 bunga lawang
- ½ sudu teh halia kisar
- ½ sudu teh pala tanah
- ½ sudu teh kayu manis tanah
- 1 sachet oat

ARAHAN:
a) Letakkan susu, gula, buah pelaga, bunga lawang, dan ¼ sudu teh setiap halia, buah pala, dan kayu manis dalam kuali kecil dan biarkan mendidih, kacau sekali-sekala, sehingga gula larut.
b) Tapis ke dalam jag, buang semua rempah, kemudian kembalikan ke kuali dan gunakan susu infused untuk memasak oat mengikut arahan pek. Sudukan ke dalam mangkuk.
c) Campurkan baki ¼ sudu teh setiap halia, buah pala dan kayu manis bersama sehingga sekata kemudian gunakan untuk membersihkan bahagian atas bubur, menggunakan templat latte untuk mencipta corak yang unik, jika anda suka.

PINGGAN KECIL

16. Popcorn Dapur Berempah

BAHAN-BAHAN:
- 1 sudu besar minyak
- ½ cawan (100 g) biji popcorn yang belum dimasak
- 1 sudu teh garam laut kasar
- 1 sudu teh garam masala, Chaat Masala atau Sambhar Masala

ARAHAN:
a) Dalam kuali yang dalam dan berat, panaskan minyak di atas api yang sederhana tinggi.
b) Masukkan biji popcorn.
c) Tutup kuali dan putar api ke sederhana rendah.
d) Masak sehingga bunyi meletus perlahan, 6 hingga 8 minit.
e) Tutup api dan biarkan popcorn duduk dengan penutupnya selama 3 minit lagi.
f) Taburkan dengan garam dan masala. Hidangkan segera.
g) Dengan penyepit, ambil satu papad pada satu masa dan panaskannya di atas dapur. Jika anda mempunyai dapur gas, masak betul-betul di atas api, berhati-hati untuk meniup serpihan yang terbakar. Sentiasa balik-balikkan sehingga semua bahagian masak dan garing. Jika menggunakan dapur elektrik, panaskannya pada rak dawai yang ditetapkan di atas penunu dan balikkan secara berterusan sehingga ia garing. Berhati-hati-ia mudah terbakar.
h) Susun papad dan hidangkan segera sebagai snek atau bersama makan malam.

17. Masala Papad

BAHAN-BAHAN:
- 1 (6–10 kiraan) bungkusan papad yang dibeli di kedai (diperbuat daripada lentil)
- 2 sudu besar minyak
- 1 bawang merah sederhana, dikupas dan dikisar
- 2 tomato sederhana, dipotong dadu
- 1–2 cili Thai, serrano atau cayenne hijau, dibuang batangnya, dihiris halus
- 1 sudu teh Chaat Masala
- Serbuk cili merah atau cayenne, secukup rasa

ARAHAN:

a) Dengan penyepit, ambil satu papad pada satu masa dan panaskannya di atas dapur. Jika anda mempunyai dapur gas, masak betul-betul di atas api, berhati-hati untuk mengeluarkan serpihan kecil yang terbakar. Cara terbaik untuk memasak ini adalah dengan sentiasa membalikkannya sehingga semua bahagian masak dan garing. Jika menggunakan dapur elektrik, panaskannya pada rak dawai yang ditetapkan di atas penunu dan balikkan secara berterusan sehingga ia garing. Berhati-hati-ia mudah terbakar.

b) Letakkan papad di atas dulang besar.

c) Dengan berus pastri, sapu setiap papad dengan sedikit minyak.

d) Dalam mangkuk kecil, campurkan bersama bawang, tomato, dan cili.

e) Sudukan 2 sudu besar adunan bawang ke atas setiap papad.

f) Tutup setiap papad dengan taburan Chaat Masala dan serbuk cili merah. Hidangkan segera.

18. Poha (Nasi Leper) dengan Kacang

BAHAN-BAHAN:
- 1 cawan poha (nasi leper)
- 1/2 sudu kecil biji sawi
- 1/2 sudu kecil biji jintan manis
- 1/4 sudu teh serbuk kunyit
- 1/2 cawan kacang hijau
- daun kari
- 2 sudu besar kacang tanah
- 1/2 cawan bawang cincang
- 1-2 biji cili hijau, dihiris
- Jus lemon secukup rasa
- Daun ketumbar dihiris untuk hiasan

ARAHAN:
a) Bilas poha dan ketepikan.
b) Dalam kuali, panaskan minyak dan masukkan biji sawi, jintan manis, daun kari, dan kacang tanah.
c) Masukkan bawang cincang, cili hijau, dan tumis sehingga bawang berwarna perang keemasan.
d) Masukkan serbuk kunyit, kacang hijau, dan poha yang telah dibilas. Gaul sebati.
e) Masak sehingga poha dipanaskan. Masukkan jus lemon dan hiaskan dengan daun ketumbar yang dihiris sebelum dihidangkan.

19. Kacang Masala Panggang

BAHAN-BAHAN:
- 2 cawan (276 g) gajus mentah
- 2 cawan (286 g) badam mentah
- 1 sudu besar garam masala, Chaat Masala atau Sambhar Masala
- 1 sudu teh garam laut kasar
- 1 sudu besar minyak
- ¼ cawan (41 g) kismis emas

ARAHAN:

a) Tetapkan rak ketuhar pada kedudukan tertinggi dan panaskan ketuhar kepada 425°F (220°C). Lapik loyang dengan aluminium foil untuk memudahkan pembersihan.

b) Dalam mangkuk yang dalam, campurkan semua Bahan kecuali kismis sehingga kacang bersalut sekata.

c) Susun bancuhan kacang dalam satu lapisan pada loyang yang disediakan.

d) Bakar selama 10 minit, gaul perlahan-lahan separuh masa memasak untuk memastikan kacang masak sekata.

e) Keluarkan kuali dari ketuhar. Masukkan kismis dan biarkan adunan sejuk selama sekurang-kurangnya 20 minit. Langkah ini penting. Kacang yang dimasak menjadi kenyal, tetapi kerangupannya kembali apabila ia telah sejuk. Hidangkan segera atau simpan dalam bekas kedap udara sehingga sebulan.

20. Badam dan Gajus Panggang Berempah Chai

BAHAN-BAHAN:
- 2 cawan (276 g) gajus mentah
- 2 cawan (286 g) badam mentah
- 1 sudu besar Chai Masala
- 1 sudu besar jaggery (gur) atau gula perang
- ½ sudu teh garam laut kasar
- 1 sudu besar minyak

ARAHAN:

a) Tetapkan rak ketuhar pada kedudukan tertinggi dan panaskan ketuhar kepada 425°F (220°C). Lapik loyang dengan aluminium foil untuk memudahkan pembersihan.

b) Dalam mangkuk yang dalam, satukan semua Bahan dan gaul rata sehingga kacang bersalut sekata.

c) Susun bancuhan kacang dalam satu lapisan pada loyang yang disediakan.

d) Bakar selama 10 minit, gaul separuh masa memasak untuk memastikan adunan masak sekata.

e) Keluarkan loyang dari ketuhar dan biarkan adunan sejuk selama kira-kira 20 minit. Langkah ini penting. Kacang yang dimasak menjadi kenyal, tetapi kerangupannya kembali apabila ia telah sejuk.

f) Hidangkan segera atau simpan dalam bekas kedap udara sehingga sebulan.

21. Dataran Sayuran Bakar

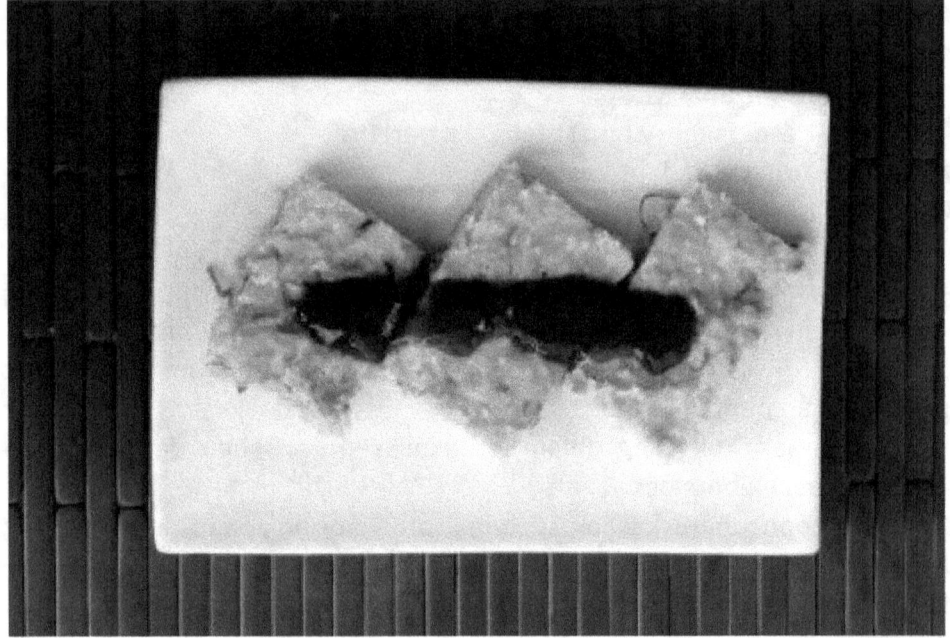

BAHAN-BAHAN:
- 2 cawan (140 g) kubis putih parut (½ kepala kecil)
- 1 cawan (100 g) kembang kol parut (¼ kepala sederhana)
- 1 cawan (124 g) zucchini parut
- ½ kentang, dikupas dan parut
- ½ bawang kuning atau merah sederhana, dikupas dan dipotong dadu
- 1 keping akar halia, dikupas dan diparut atau dikisar
- 3–4 cili Thai, serrano, atau cayenne hijau, dicincang
- ¼ cawan (4 g) ketumbar segar dicincang
- 3 cawan (276 g) gram (chickpea) tepung (besan)
- ½ 12-auns pakej tauhu sutera
- 1 sudu besar garam laut kasar
- 1 sudu kecil serbuk kunyit
- 1 sudu teh serbuk cili merah atau cayenne
- ¼ sudu teh serbuk penaik
- ¼ cawan (59 mL) minyak

ARAHAN:

a) Tetapkan rak ketuhar pada kedudukan tengah dan panaskan ketuhar kepada 350°F (180°C). Minyakkan loyang bersaiz 10 inci (25 cm) persegi. Gunakan loyang yang lebih besar jika anda mahukan pakora yang lebih nipis dan rangup.

b) Dalam mangkuk yang dalam, satukan kubis, kembang kol, zucchini, kentang, bawang, akar halia, cili, dan ketumbar.

c) Masukkan tepung dan gaul perlahan hingga sebati. Ia membantu menggunakan tangan anda untuk benar-benar menggabungkan segala-galanya.

d) Dalam pemproses makanan, pengisar atau pengisar yang lebih berkuasa, kisar tauhu sehingga licin.

e) Masukkan tauhu yang telah dikisar, garam, kunyit, serbuk cili merah, serbuk penaik, dan minyak ke dalam adunan sayuran. Campurkan.

f) Tuang adunan ke dalam loyang yang telah disediakan.

g) Bakar selama 45 hingga 50 minit, bergantung pada suhu ketuhar anda. Hidangan selesai apabila pencungkil gigi yang dimasukkan ke tengah keluar bersih.

h) Sejukkan selama 10 minit dan potong segi empat sama. Hidangkan bersama chutney kegemaran anda.

22. Kacang Panggang Berempah Chai

BAHAN-BAHAN:
- 4 cawan kacang campuran tanpa garam
- ¼ cawan sirap maple
- 3 sudu besar minyak kelapa cair
- 2 sudu besar gula kelapa
- 3 sudu teh halia kisar
- 2 sudu teh kayu manis tanah
- 2 sudu teh buah pelaga yang dikisar
- 1 sudu teh lada sulah
- 1 sudu teh Serbuk Vanila Tulen
- ½ sudu teh garam
- ¼ sudu teh lada hitam

ARAHAN:
a) Panaskan ketuhar anda kepada 325°F (163°C). Lapik lembaran pembakar berbingkai dengan kertas parchment dan ketepikan.
b) Dalam mangkuk adunan besar, satukan semua bahan kecuali kacang. Kacau rata untuk menghasilkan campuran yang berperisa.
c) Masukkan kacang campuran ke dalam mangkuk dan toskan sehingga ia bersalut rata dengan campuran rempah.
d) Sapukan kacang bersalut ke atas loyang yang disediakan dalam lapisan sekata.
e) Bakar kacang dalam ketuhar yang telah dipanaskan selama lebih kurang 20 minit. Ingat untuk memutarkan kuali dan kacau kacang separuh sepanjang masa memanggang untuk memastikan masak sekata.
f) Setelah selesai, keluarkan kacang panggang dari ketuhar dan biarkan ia sejuk sepenuhnya.
g) Simpan kacang panggang berempah chai anda dalam bekas kedap udara pada suhu bilik untuk snek yang lazat.

23. Chickpea Poppers

BAHAN-BAHAN:
- 4 cawan kacang ayam masak atau 2 kacang ayam tin 12 auns
- 1 sudu besar garam masala, Chaat Masala atau Sambhar Masala
- 2 sudu kecil garam laut kasar 2 sudu besar minyak
- 1 sudu teh serbuk cili merah, lada cayenne, atau paprika, ditambah lagi untuk taburan

ARAHAN:

a) Tetapkan rak ketuhar pada kedudukan tertinggi dan panaskan ketuhar kepada 425°F (220°C). Lapik loyang dengan aluminium foil untuk memudahkan pembersihan.

b) Toskan kacang ayam dalam colander besar selama kira-kira 15 minit untuk menghilangkan kelembapan sebanyak mungkin. Jika menggunakan tin, bilas dahulu.

c) Dalam mangkuk besar, kacau perlahan-lahan semua Bahan.

d) Susun kacang ayam yang telah dibumbui dalam satu lapisan pada loyang.

e) Masak selama 15 minit. Berhati-hati mengeluarkan dulang dari ketuhar, gaul perlahan-lahan supaya kacang ayam masak sekata, dan masak lagi 10 minit.

f) Biarkan sejuk selama 15 minit. Taburkan dengan serbuk cili merah, lada cayenne, atau paprika.

24. Celup Terung Bakar

BAHAN-BAHAN:
- 3 terung sederhana dengan kulit (varieti besar, bulat, ungu)
- 2 sudu besar minyak
- 1 sudu kecil biji jintan manis
- 1 sudu teh ketumbar kisar
- 1 sudu kecil serbuk kunyit
- 1 biji bawang besar kuning atau merah, kupas dan potong dadu
- 1 (2 inci [5 cm]) keping akar halia, dikupas dan diparut atau dicincang
- 8 ulas bawang putih, kupas dan parut atau kisar
- 2 tomato sederhana, dikupas (jika boleh) dan dipotong dadu
- 1–4 cili Thai, serrano, atau cayenne hijau, dicincang
- 1 sudu teh serbuk cili merah atau cayenne
- 1 sudu besar garam laut kasar

ARAHAN:
a) Tetapkan rak ketuhar pada kedudukan kedua tertinggi. Panaskan daging ayam kepada 500°F (260°C). Alas loyang dengan aluminium foil untuk mengelakkan kucar-kacir nanti.

b) Cucuk lubang pada terung dengan garpu (untuk mengeluarkan wap) dan letakkan di atas loyang. Panggang selama 30 minit, pusing sekali. Kulit akan hangus dan terbakar di beberapa kawasan apabila ia selesai. Keluarkan loyang dari ketuhar dan biarkan terung sejuk selama sekurang-kurangnya 15 minit. Dengan pisau tajam, dan potong belah memanjang dari satu hujung setiap terung ke yang lain, dan tarik ia terbuka sedikit. Keluarkan daging panggang di dalamnya, berhati-hati untuk mengelakkan wap dan selamatkan jus sebanyak mungkin. Letakkan daging terung panggang dalam mangkuk—anda akan mempunyai kira-kira 4 cawan (948 mL).

c) Dalam kuali yang dalam dan berat, panaskan minyak di atas api yang sederhana tinggi.

d) Masukkan jintan manis dan masak sehingga ia mendesis, kira-kira 30 saat.

e) Masukkan ketumbar dan kunyit. Campurkan dan masak selama 30 saat.

f) Masukkan bawang dan perang selama 2 minit.

g) Masukkan akar halia dan bawang putih dan masak selama 2 minit lagi.

h) Masukkan tomato dan cili. Masak selama 3 minit, sehingga adunan lembut.

i) Masukkan daging dari terung panggang dan masak selama 5 minit lagi, gaul sekali-sekala untuk mengelakkan melekat.

j) Masukkan serbuk cili merah dan garam. Pada ketika ini, anda juga harus mengeluarkan dan membuang sebarang kepingan kulit terung yang hangus.

k) Kisar adunan ini menggunakan pengisar rendaman atau dalam pengisar yang berasingan. Jangan berlebihan—mesti masih ada tekstur. Hidangkan dengan hirisan naan panggang, keropok atau kerepek tortilla. Anda juga boleh menghidangkannya secara tradisional dengan hidangan roti India, lentil dan raita.

25. Kentang Manis Berempah

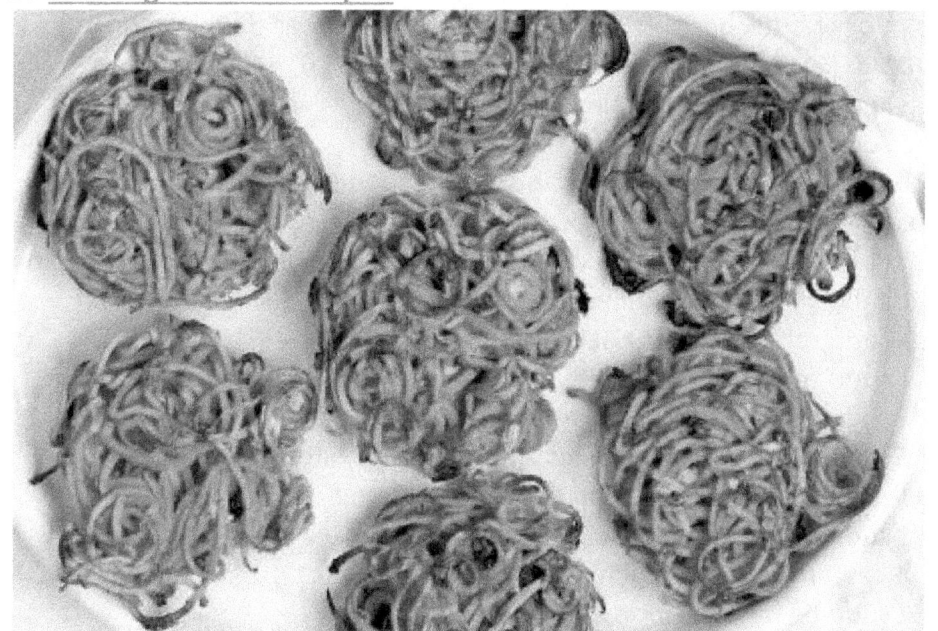

BAHAN-BAHAN:
- 1 ubi keledek besar (atau kentang putih), dikupas dan dipotong
- Dadu ½ inci (13 mm) (kira-kira 4 cawan [600 g])
- 3 sudu besar (45 mL) minyak, dibahagikan
- 1 sudu kecil biji jintan manis
- ½ bawang kuning atau merah sederhana, dikupas dan dipotong dadu halus
- 1 (1 inci [2.5-g]) keping akar halia, dikupas dan diparut atau dicincang
- 1 sudu kecil serbuk kunyit
- 1 sudu teh ketumbar kisar
- 1 sudu teh garam masala
- 1 sudu teh serbuk cili merah atau cayenne
- 1 cawan (145 g) kacang, segar atau beku (nyah beku dahulu)
- 1–2 cili Thai, serrano, atau cayenne hijau, dicincang
- 1 sudu teh garam laut kasar
- ½ cawan (46 g) gram (chickpea) tepung (besan)
- 1 sudu besar jus lemon
- Pasli segar atau ketumbar cincang, untuk hiasan

ARAHAN:

a) Kukus kentang sehingga lembut, kira-kira 7 minit. Biarkan ia sejuk. Gunakan tangan anda atau penumbuk kentang untuk memecahkannya perlahan-lahan. Anda akan mempunyai kira-kira 3 cawan (630 g) kentang tumbuk pada ketika ini.

b) Dalam kuali yang cetek, panaskan 2 sudu besar minyak di atas api yang sederhana tinggi.

c) Masukkan jintan manis dan masak sehingga mendidih dan sedikit keperangan, kira-kira 30 saat.

d) Masukkan bawang, akar halia, kunyit, ketumbar, garam masala, dan serbuk cili merah. Masak sehingga lembut, lagi 2 hingga 3 minit. Biarkan adunan sejuk.

e) Setelah ia sejuk, masukkan adunan ke dalam kentang, diikuti dengan kacang polong, cili hijau, garam, tepung gram, dan jus lemon.

f) Gaul rata dengan tangan atau sudu besar.

g) Bentuk adunan menjadi patties kecil dan ketepikan di atas dulang.

h) Dalam kuali yang besar dan berat, panaskan baki 1 sudu besar minyak di atas api yang sederhana tinggi. Masak patties dalam kelompok 2 hingga 4, bergantung pada saiz kuali, selama kira-kira 2 hingga 3 minit setiap sisi, sehingga perang.

i) Hidangkan panas, dihiasi dengan pasli segar yang dicincang atau ketumbar. Patty ini boleh dimakan sebagai sandwic, di atas katil salad, atau sebagai sampingan yang menyeronokkan untuk hidangan anda. Campuran akan disimpan selama kira-kira 3 hingga 4 hari di dalam peti sejuk. Untuk membuat patty yang lebih tradisional, gunakan kentang biasa sebagai ganti ubi keledek.

26.Sandwic Salad Sayuran Sharon

BAHAN-BAHAN:
- 1 biji tomato besar, potong tebal
- 1 lada benggala besar, dihiris nipis menjadi cincin
- 1 biji bawang merah besar, dikupas dan dihiris nipis menjadi cincin
- Jus 1 lemon
- ½ sudu teh garam laut kasar
- ½ sudu teh garam hitam (kala namak)

ARAHAN:
a) Susun sayur-sayuran di atas pinggan dengan tomato dahulu, kemudian lada, dan cincin bawang berlapis di atas.
b) Taburkan sayur-sayuran dengan jus lemon, garam laut, dan garam hitam.
c) Hidangkan segera. Duduk di halaman depan anda dan membuat sandwic adalah pilihan.

27.Yogurt Soya Raita

BAHAN-BAHAN:
- 1 cawan (237 mL) yogurt soya biasa tanpa gula
- 1 timun, dikupas, parut, dan diperah untuk mengeluarkan air yang berlebihan
- ½ sudu teh Jintan Kisar Panggang
- ½ sudu teh garam laut kasar
- ½ sudu teh garam hitam (kala namak)
- ½ sudu teh serbuk cili merah
- Jus ½ lemon atau limau nipis

ARAHAN:
a) Dalam mangkuk, campurkan semua Bahan. Hidangkan segera.

28. Hummus India Utara

BAHAN-BAHAN:
- 2 cawan (396 g) kacang atau lentil yang telah dimasak
- Jus 1 lemon sederhana
- 1 ulas bawang putih, kupas, potong dan cincang kasar
- 1 sudu teh garam laut kasar
- 1 sudu kecil lada hitam dikisar
- ½ sudu teh Jintan Kisar Panggang
- ½ sudu teh ketumbar kisar
- ¼ cawan (4 g) ketumbar segar yang dicincang
- ⅓ cawan (79 mL) ditambah 1 sudu besar minyak zaitun
- 1–4 sudu besar (15–60 mL) air
- ½ sudu teh paprika, untuk hiasan

ARAHAN:

a) Dalam pemproses makanan, gabungkan kacang atau lentil, jus lemon, bawang putih, garam, lada hitam, jintan putih, ketumbar dan ketumbar. Proses sehingga sebati.

b) Dengan mesin masih hidup, masukkan minyak. Teruskan memproses sehingga adunan menjadi berkrim dan licin, tambah air mengikut keperluan, 1 sudu pada satu masa.

29. Popcorn Berempah Chai

BAHAN-BAHAN:
- 3 sudu besar minyak kelapa
- ½ cawan biji popcorn
- 1 sudu teh garam halal
- ½ sudu teh lada sulah
- ½ sudu teh kayu manis tanah
- ½ sudu teh bunga cengkih kisar
- 1 sudu besar minyak zaitun

ARAHAN:
a) Letakkan minyak kelapa dan biji popcorn dalam periuk besar dengan penutup yang sesuai. Panaskan di atas api sederhana tinggi sambil terus-terusan gerakkan periuk ke depan dan ke belakang di atas api.
b) Teruskan menggoncang periuk sehingga popping mula perlahan. Keluarkan dari api dan pindahkan jagung pop ke dalam mangkuk. Taburkan garam mengikut citarasa anda.
c) Dalam mangkuk kecil yang berasingan, satukan lada sulah, kayu manis dan bunga cengkih.
d) Toskan popcorn yang baru muncul dengan campuran rempah dan minyak zaitun untuk hidangan berempah chai yang menarik.

AYAM, KACANG DAN KENTIL

30. Kacang Masala Panggang atau Lentil

BAHAN-BAHAN:
- 4 cawan kacang atau lentil yang dimasak
- 1 sudu besar garam masala, Chaat Masala atau Sambhar Masala
- 2 sudu kecil garam laut kasar
- 2 sudu besar minyak
- 1 sudu teh serbuk cili merah, cayenne, atau paprika

ARAHAN:

a) Panaskan ketuhar hingga 425°F (220°C). Lapik loyang dengan aluminium foil untuk memudahkan pembersihan.

b) Dalam mangkuk besar, kacau perlahan-lahan bersama kacang atau lentil, masala, garam, dan minyak.

c) Susun kacang atau lentil yang telah diperisakan dalam satu lapisan pada loyang yang telah disediakan.

d) Bakar selama 25 minit.

e) Taburkan dengan cili merah, cayenne, atau paprika.

31. Kacang atau Lentil Quickie Masala

BAHAN-BAHAN:
- 1 cawan (237 mL) Gila Masala
- 1 cawan (150 g) sayur-sayuran cincang
- 1–3 cili Thai, serrano, atau cayenne, dicincang
- 1 sudu teh garam masala
- 1 sudu teh ketumbar kisar
- 1 sudu kecil Jintan Manis Kisar Panggang
- ½ sudu teh serbuk cili merah atau cayenne
- 1½ sudu teh garam laut kasar
- 2 cawan (474 mL) air
- 2 cawan (396 g) kacang atau lentil yang telah dimasak
- 1 sudu besar cilantro segar yang dicincang, untuk hiasan

ARAHAN:

a) Dalam periuk yang dalam dan berat, panaskan Gila Masala di atas api sederhana tinggi sehingga ia mula menggelegak.

b) Masukkan sayur-sayuran, cili, garam masala, ketumbar, jintan putih, serbuk cili merah, garam, dan air. Masak sehingga sayur-sayuran lembut, 15 hingga 20 minit.

c) Masukkan kacang atau lentil. Masak sehingga panas.

d) Hiaskan dengan ketumbar dan hidangkan segera dengan beras basmati perang atau putih, roti atau naan.

32. Kacang Kari India Utara atau Lentil

BAHAN-BAHAN:
- 2 sudu besar minyak
- ½ sudu teh asafetida (hingga)
- 2 sudu kecil biji jintan manis
- ½ sudu teh serbuk kunyit
- 1 batang kayu manis
- 1 helai daun cassia (atau daun bay)
- ½ bawang kuning atau merah sederhana, dikupas dan dicincang
- 1 keping akar halia, dikupas dan diparut atau dikisar
- 4 ulas bawang putih, kupas dan parut atau kisar
- 2 biji tomato besar, kupas dan potong dadu
- 2–4 cili Thai, serrano, atau cayenne hijau, dicincang
- 4 cawan kacang atau lentil yang dimasak
- 4 cawan air
- 1½ sudu teh garam laut kasar
- 1 sudu teh serbuk cili merah atau cayenne
- 2 sudu besar cilantro segar yang dicincang, untuk hiasan

ARAHAN:

a) Dalam periuk berat, panaskan minyak di atas api yang sederhana tinggi.

b) Masukkan asafetida, jintan manis, kunyit, kayu manis, dan daun cassia dan masak sehingga biji mendesis, kira-kira 30 saat.

c) Masukkan bawang dan masak sehingga sedikit keperangan, kira-kira 3 minit. Kacau selalu supaya bawang tidak melekat pada kuali.

d) Masukkan akar halia dan bawang putih. Masak lagi 2 minit.

e) Masukkan tomato dan cili hijau.

f) Kecilkan api ke sederhana rendah dan masak selama 3 hingga 5 minit, sehingga tomato mula pecah.

g) Masukkan kacang atau lentil dan masak selama 2 minit lagi.

h) Masukkan air, garam, dan serbuk cili merah. Biarkan mendidih.

i) Setelah adunan mendidih, kecilkan api dan reneh selama 10 hingga 15 minit.

j) Hiaskan dengan ketumbar dan hidangkan dengan beras basmati perang atau putih, roti atau naan.

33. Kacang India Selatan dengan Daun Kari

BAHAN-BAHAN:
- 2 sudu besar minyak kelapa
- ½ sudu teh serbuk asafetida (hingga)
- ½ sudu teh serbuk kunyit
- 1 sudu kecil biji jintan manis
- 1 sudu kecil biji sawi hitam
- 15–20 helai daun kari segar, dicincang kasar
- 6 lada cili merah kering keseluruhan, dicincang kasar
- ½ bawang kuning atau merah sederhana, dikupas dan dipotong dadu
- 1 (14-oz. [420-mL]) tin santan, ringan atau penuh lemak
- 1 cawan (237 mL) air
- 1 sudu teh Serbuk Rasam atau Sambhar Masala
- 1½ sudu teh garam laut kasar
- 1 sudu teh serbuk cili merah atau cayenne
- 3 cawan (576 g) kacang utuh atau lentil yang dimasak
- 1 sudu besar cilantro segar yang dicincang, untuk hiasan

ARAHAN:

a) Dalam periuk yang dalam dan berat, panaskan minyak di atas api yang sederhana tinggi.

b) Masukkan asafetida, kunyit, jintan manis, sawi, daun kari, dan lada cili merah. Masak sehingga biji mendesis, kira-kira 30 saat. Biji sawi boleh muncul, jadi simpan tudung.

c) Masukkan bawang besar. Masak sehingga perang, kira-kira 2 minit, kacau kerap untuk mengelakkan melekat.

d) Masukkan santan, air, Serbuk Rasam atau Sambhar Masala, garam, dan serbuk cili merah. Didihkan, dan kemudian kecilkan api dan reneh selama 1 hingga 2 minit, sehingga perisa menyerap susu.

e) Masukkan kacang atau lentil. Panaskan dan reneh selama 2 hingga 4 minit, sehingga kekacang diselitkan dengan rasa. Tambah secawan air jika anda mahukan konsistensi yang lebih sup. Hidangkan segera, dihiasi dengan ketumbar, dalam mangkuk dalam dengan beras basmati perang atau putih.

34. Kari Inspirasi Goan dengan Santan

BAHAN-BAHAN:
- 1 sudu besar minyak
- ½ bawang besar, dikupas dan dipotong dadu
- 1 keping akar halia, dikupas dan diparut atau dikisar
- 4 ulas bawang putih, kupas dan parut atau kisar
- 1 tomato besar, dipotong dadu (2 cawan)
- 1–3 cili Thai, serrano, atau cayenne hijau, dicincang
- 1 sudu besar ketumbar kisar
- 1 sudu besar jintan halus
- 1 sudu kecil serbuk kunyit
- 1 sudu kecil pes asam jawa
- 1 sudu teh jaggery (gur) atau gula perang
- 1½ sudu teh garam laut kasar
- 3 cawan (711 mL) air
- 4 cawan lentil atau kacang utuh yang dimasak (kacang bermata hitam adalah tradisional)
- 1 cawan (237 mL) santan, biasa atau ringan
- Jus ½ lemon sederhana
- 1 sudu besar cilantro segar yang dicincang, untuk hiasan

ARAHAN:
a) Dalam periuk yang dalam dan berat, panaskan minyak di atas api yang sederhana tinggi.
b) Masukkan bawang dan masak selama 2 minit, sehingga sedikit keperangan.
c) Masukkan akar halia dan bawang putih. Masak satu minit lagi.
d) Masukkan tomato, cili, ketumbar, jintan manis, kunyit, asam jawa, jaggery, garam, dan air.
e) Didihkan, kecilkan api, dan reneh tanpa tutup selama 15 minit.
f) Masukkan lentil atau kacang dan santan dan panaskan.
g) Masukkan jus lemon dan hiaskan dengan daun ketumbar. Hidangkan dengan nasi basmati perang atau putih, roti atau naan.

35. Kekacang Chana Masala

BAHAN-BAHAN:
- 2 sudu besar minyak
- 1 sudu kecil biji jintan manis
- ½ sudu teh serbuk kunyit
- 2 sudu besar Chana Masala
- 1 biji bawang besar kuning atau merah, kupas dan potong dadu
- 1 (2 inci [5 cm]) keping akar halia, dikupas dan diparut atau dicincang
- 4 ulas bawang putih, kupas dan parut atau kisar
- 2 tomato sederhana, dipotong dadu
- 1–3 cili Thai, serrano, atau cayenne hijau, dicincang
- 1 sudu teh serbuk cili merah atau cayenne
- 1 sudu besar garam laut kasar
- 1 cawan (237 mL) air
- 4 cawan kacang atau lentil yang dimasak (kacang putih adalah tradisional)

ARAHAN:

a) Dalam kuali yang dalam dan berat, panaskan minyak di atas api yang sederhana tinggi.

b) Masukkan jintan, kunyit, dan Chana Masala dan masak sehingga biji mendesis, kira-kira 30 saat.

c) Masukkan bawang dan masak sehingga lembut, kira-kira satu minit.

d) Masukkan akar halia dan bawang putih. Masak lagi satu minit.

e) Masukkan tomato, cili hijau, serbuk cili merah, garam, dan air.

f) Didihkan, kecilkan api, dan reneh adunan selama 10 minit, sehingga semua Bahan sebati.

g) Masukkan kacang atau lentil dan masak. Hidangkan di atas beras basmati perang atau putih atau dengan roti atau naan.

36.Kacang Kari Punjabi

BAHAN-BAHAN:
- 1 bawang kuning atau merah sederhana, dikupas dan dicincang kasar
- 1 keping akar halia, dikupas dan dicincang kasar
- 4 ulas bawang putih, kupas dan potong
- 2–4 cili Thai, serrano atau cayenne hijau
- 2 sudu besar minyak
- ½ sudu teh asafetida (hingga)
- 2 sudu kecil biji jintan manis
- 1 sudu kecil serbuk kunyit
- 1 batang kayu manis
- 2 ulas keseluruhan
- 1 buah buah pelaga hitam
- 2 tomato sederhana, dikupas dan dipotong dadu (1 cawan)
- 2 sudu besar pes tomato
- 4 cawan kacang atau lentil yang dimasak
- 2 cawan (474 mL) air
- 2 sudu kecil garam laut kasar
- 2 sudu teh garam masala
- 1 sudu teh serbuk cili merah atau cayenne
- 2 sudu besar ketumbar segar cincang

ARAHAN:

a) Dalam pemproses makanan, proses bawang, akar halia, bawang putih dan cili menjadi pes berair.

b) Dalam kuali yang dalam dan berat, panaskan minyak di atas api yang sederhana tinggi.

c) Masukkan asafetida, jintan manis, kunyit, kayu manis, cengkih, dan buah pelaga. Masak sehingga adunan mendesis, kira-kira 30 saat.

d) Perlahan-lahan masukkan pes bawang. Berhati-hati—ini boleh memercik apabila terkena minyak panas. Masak sehingga perang, kacau sekali-sekala, kira-kira 2 minit.

e) Masukkan tomato, pes tomato, lentil atau kacang, air, garam, garam masala, dan serbuk cili merah.

f) Biarkan adunan mendidih, kemudian kecilkan api dan reneh selama 10 minit.

g) Keluarkan semua rempah. Masukkan ketumbar dan hidangkan di atas katil beras basmati perang atau putih.

37.Kari Berinspirasikan Sambhar Dapur

BAHAN-BAHAN:
- 2 cawan (396 g) kacang atau lentil yang telah dimasak
- 9 cawan (2.13 L) air
- 1 kentang sederhana, dikupas dan dipotong dadu
- 1 sudu kecil pes asam jawa
- 5 cawan (750 g) sayur-sayuran (gunakan pelbagai jenis), dipotong dadu dan dihiris
- 2 sudu besar Sambhar Masala
- 1 sudu besar minyak
- 1 sudu teh serbuk asafetida (hingga) (pilihan)
- 1 sudu besar biji sawi hitam
- 5–8 biji cili merah kering, dicincang kasar
- 8–10 helai daun kari segar, dicincang kasar
- 1 sudu teh serbuk cili merah atau cayenne
- 1 sudu besar garam laut kasar

ARAHAN:

a) Dalam periuk sup dalam dengan api sederhana tinggi, satukan kacang atau lentil, air, kentang, asam jawa, sayur-sayuran dan Sambhar Masala. Biarkan mendidih.

b) Kecilkan api dan reneh selama 15 minit, sehingga sayur layu dan empuk.

c) Sediakan pembajaan (tarka). Dalam kuali kecil, panaskan minyak di atas api yang sederhana tinggi. Masukkan asafetida (jika guna) dan biji sawi. Mustard cenderung meletus, jadi simpan tudung.

d) Setelah biji mula timbul, cepat-cepat masukkan cili merah dan daun kari. Masak selama 2 minit lagi, kacau kerap.

e) Apabila daun kari mula menjadi perang dan melengkung, masukkan campuran ini ke dalam lentil. Masak selama 5 minit lagi.

f) Masukkan serbuk cili merah dan garam. Hidangkan sebagai sup yang enak, sebagai sampingan tradisional untuk dosa, atau dengan beras basmati perang atau putih.

38. Kacang dan Lentil yang Dimasak Perlahan

BAHAN-BAHAN:
- 2 cawan (454 g) kacang lima kering, dipetik dan dibasuh
- ½ bawang kuning atau merah sederhana, dikupas dan dicincang kasar
- 1 tomato sederhana, dipotong dadu
- 1 keping akar halia, kupas dan parut atau kisar
- 2 ulas bawang putih, kupas dan parut atau kisar
- 1–3 cili Thai, serrano, atau cayenne hijau, dicincang
- 3 ulas keseluruhan
- 1 sudu kecil biji jintan manis
- 1 sudu teh serbuk cili merah atau cayenne
- timbunan sudu teh garam laut kasar
- ½ sudu teh serbuk kunyit
- ½ sudu teh garam masala
- 7 cawan (1.66 L) air
- ¼ cawan (4 g) ketumbar segar yang dicincang

ARAHAN:
a) Masukkan semua Bahan kecuali daun ketumbar ke dalam periuk perlahan. Masak di atas api selama 7 jam, sehingga kacang pecah dan menjadi agak berkrim.

b) Kira-kira separuh proses memasak, kacang akan kelihatan seperti telah siap, tetapi biarkan periuk perlahan berjalan. Kari masih berair dan perlu dimasak lagi.

c) Keluarkan cengkih jika anda boleh menemuinya. Masukkan ketumbar segar dan hidangkan di atas nasi basmati atau dengan roti atau naan.

39. Chana dan Belah Moong Dal dengan Serpihan Lada

BAHAN-BAHAN:
- 1 cawan (192 g) belah gram (chana dal), kutip dan basuh
- 1 cawan (192 g) lentil hijau yang dibelah kering dengan kulit (moong dal), diambil dan dicuci
- ½ bawang kuning atau merah sederhana, dikupas dan dipotong dadu
- 1 keping akar halia, dikupas dan diparut atau dikisar
- 4 ulas bawang putih, kupas dan parut atau kisar
- 1 tomato sederhana, dikupas dan dipotong dadu
- 1–3 cili Thai, serrano, atau cayenne hijau, dicincang
- 1 sudu besar ditambah 1 sudu teh biji jintan manis, dibahagikan
- 1 sudu kecil serbuk kunyit
- 2 sudu kecil garam laut kasar
- 1 sudu teh serbuk cili merah atau cayenne
- 6 cawan air
- 2 sudu besar minyak
- 1 sudu kecil serpihan lada merah
- 2 sudu besar ketumbar segar dicincang

ARAHAN:
a) Masukkan gram belahan, lentil hijau, bawang besar, akar halia, bawang putih, tomato, cili, 1 sudu besar jintan, kunyit, garam, serbuk cili merah, dan air dalam periuk perlahan. Masak di atas api selama 5 jam.
b) Hampir penghujung masa memasak, panaskan minyak dalam kuali cetek di atas api yang sederhana tinggi.
c) Masukkan baki 1 sudu kecil jintan manis.
d) Setelah mendidih, masukkan kepingan lada merah. Masak selama 30 saat lagi paling banyak. Jika anda memasak terlalu lama, kepingan akan menjadi terlalu keras.
e) Masukkan campuran ini, bersama-sama dengan ketumbar, ke lentil.
f) Hidangkan ini sahaja sebagai sup atau dengan nasi basmati perang atau putih, roti atau naan.

SAYURAN

40.Tauhu Berempah, dan Tomato

BAHAN-BAHAN:
- 2 sudu besar minyak
- 1 sudu besar biji jintan manis
- 1 sudu kecil serbuk kunyit
- 1 bawang merah atau kuning sederhana, dikupas dan dikisar
- 1 (2 inci [5 cm]) keping akar halia, dikupas dan diparut atau dicincang
- 6 ulas bawang putih, kupas dan parut atau kisar
- 2 tomato sederhana, dikupas (pilihan) dan dicincang (3 cawan [480 g])
- 2–4 cili Thai, serrano, atau cayenne hijau, dicincang
- 1 sudu besar pes tomato
- 1 sudu besar garam masala
- 1 sudu besar daun fenugreek kering (kasoori methi), ditumbuk sedikit dengan tangan untuk mengeluarkan rasa mereka
- 1 cawan (237 mL) air
- 2 sudu kecil garam laut kasar
- 1 sudu teh serbuk cili merah atau cayenne
- 2 lada benggala hijau sederhana, dibiji dan dipotong dadu (2 cawan)
- 2 (14-auns [397-g]) bungkusan tauhu organik lebih pejal, dibakar dan dikisar

ARAHAN:

a) Dalam kuali yang besar dan berat, panaskan minyak di atas api yang sederhana tinggi.

b) Masukkan jintan manis dan kunyit. Masak sehingga biji mendesis, kira-kira 30 saat.

c) Masukkan bawang besar, akar halia, dan bawang putih. Masak selama 2 hingga 3 minit, sehingga perang sedikit, kacau sekali-sekala.

d) Masukkan tomato, cili, pes tomato, garam masala, fenugreek, air, garam, dan serbuk cili merah. Kecilkan api sedikit dan reneh tanpa tutup selama 8 minit.

e) Masukkan lada benggala dan masak selama 2 minit lagi. Masukkan tauhu dan gaul rata. Masak selama 2 minit lagi, sehingga panas. Hidangkan dengan nasi basmati perang atau putih, roti atau naan.

41. Hash Kentang Jintan

BAHAN-BAHAN:
- 1 sudu besar minyak
- 1 sudu besar biji jintan manis
- ½ sudu teh asafetida (hingga)
- ½ sudu teh serbuk kunyit
- ½ sudu teh serbuk mangga (amchur)
- 1 biji bawang kuning atau merah kecil, dikupas dan dipotong dadu
- 1 keping akar halia, dikupas dan diparut atau dikisar
- 3 kentang rebus besar (apa-apa jenis), dikupas dan dipotong dadu (4 cawan [600 g])
- 1 sudu teh garam laut kasar
- 1–2 cili Thai, serrano atau cayenne hijau, dibuang batangnya, dihiris nipis
- ¼ cawan (4 g) ketumbar segar cincang, Jus cincang ½ lemon

ARAHAN:
a) Dalam kuali yang dalam dan berat, panaskan minyak di atas api yang sederhana tinggi.
b) Masukkan jintan manis, asafetida, kunyit, dan serbuk mangga. Masak sehingga biji mendesis, kira-kira 30 saat.
c) Masukkan bawang besar dan akar halia. Masak selama satu minit lagi, kacau untuk mengelakkan melekat.
d) Masukkan kentang dan garam. Gaul rata dan masak sehingga kentang panas.
e) Teratas dengan cili, ketumbar, dan jus lemon. Hidangkan sebagai sampingan dengan roti atau naan atau digulung dalam besan poora atau dosa. Ini bagus sebagai pengisian untuk sandwic sayuran atau pun dihidangkan dalam cawan salad.

42. Hash Kentang Biji Sawi

BAHAN-BAHAN:
- 1 sudu besar gram split (chana dal)
- 1 sudu besar minyak
- 1 sudu kecil serbuk kunyit
- 1 sudu kecil biji sawi hitam
- 10 helai daun kari, dihiris kasar
- 1 biji bawang kuning atau merah kecil, dikupas dan dipotong dadu
- 3 kentang rebus besar (apa-apa jenis), dikupas dan dipotong dadu (4 cawan [600 g])
- 1 sudu kecil garam putih kasar
- 1–2 cili Thai, serrano atau cayenne hijau, dibuang batangnya, dihiris nipis

ARAHAN:
a) Rendam gram yang dibelah dalam air masak semasa anda menyediakan Bahan-Bahan yang tinggal.
b) Dalam kuali yang dalam dan berat, panaskan minyak di atas api yang sederhana tinggi.
c) Masukkan kunyit, sawi, daun kari, dan gram belah toskan. Berhati-hati, biji cenderung meletus dan lentil yang direndam mungkin memercikkan minyak, jadi anda mungkin memerlukan penutup. Masak selama 30 saat, kacau untuk mengelakkan melekat.
d) Masukkan bawang besar. Masak sehingga sedikit keperangan, kira-kira 2 minit.
e) Masukkan kentang, garam, dan cili. Masak selama 2 minit lagi. Hidangkan sebagai sampingan dengan roti atau naan atau digulung dalam besan poora atau dosa. Ini bagus sebagai pengisian untuk sandwic sayuran atau pun dihidangkan dalam cawan salad.

43. Kubis Gaya Punjabi

BAHAN-BAHAN:
- 3 sudu besar (45 mL) minyak
- 1 sudu besar biji jintan manis
- 1 sudu kecil serbuk kunyit
- ½ bawang kuning atau merah, dikupas dan dipotong dadu
- 1 keping akar halia, dikupas dan diparut atau dikisar
- 6 ulas bawang putih, kupas dan kisar
- 1 kentang sederhana, dikupas dan dipotong dadu
- 1 kobis putih kepala sederhana, daun luar dibuang dan dicincang halus (kira-kira 8 cawan [560 g])
- 1 cawan (145 g) kacang polong, segar atau beku
- 1 cili Thai, serrano, atau cayenne hijau, dibuang batang, dicincang
- 1 sudu teh ketumbar kisar
- 1 sudu teh jintan kisar
- 1 sudu kecil lada hitam dikisar
- ½ sudu teh serbuk cili merah atau cayenne
- 1½ sudu teh garam laut

ARAHAN:

a) Masukkan semua Bahan ke dalam periuk perlahan dan gaul rata.

b) Masak dengan api kecil selama 4 jam. Hidangkan dengan nasi basmati putih atau perang, roti atau naan. Ini adalah pengisi yang bagus untuk pita dengan sedikit renyai yogurt soya raita.

44. Kobis dengan Biji Sawi dan Kelapa

BAHAN-BAHAN:
- 2 sudu besar lentil hitam utuh berkulit (sabut urud dal)
- 2 sudu besar minyak kelapa
- ½ sudu teh asafetida (hingga)
- 1 sudu kecil biji sawi hitam
- 10–12 helai daun kari, dihiris kasar
- 2 sudu besar kelapa parut tanpa gula
- 1 kobis putih kepala sederhana, dicincang (8 cawan [560 g])
- 1 sudu teh garam laut kasar
- 1–2 cili Thai, serrano atau cayenne, dibuang batangnya, dihiris memanjang

ARAHAN:
a) Rendam lentil dalam air masak supaya ia lembut semasa anda menyediakan bahan-bahan yang tinggal.

b) Dalam kuali yang dalam dan berat, panaskan minyak di atas api yang sederhana tinggi.

c) Masukkan asafetida, sawi, lentil toskan, daun kari, dan kelapa. Panaskan sehingga biji muncul, kira-kira 30 saat. Berhati-hati supaya daun kari atau kelapa tidak hangus. Benih boleh keluar, jadi simpan tudung.

d) Masukkan kubis dan garam. Masak, kacau selalu, selama 2 minit sehingga kubis hanya layu.

e) Masukkan cili. Hidangkan segera sebagai salad hangat, sejuk, atau dengan roti atau naan.

45. Kacang String dengan Kentang

BAHAN-BAHAN:
- 1 sudu besar minyak
- 1 sudu kecil biji jintan manis
- ½ sudu teh serbuk kunyit
- 1 bawang merah atau kuning sederhana, dikupas dan dipotong dadu
- 1 keping akar halia, dikupas dan diparut atau dikisar
- 3 ulas bawang putih, kupas dan parut atau kisar
- 1 kentang sederhana, dikupas dan dipotong dadu
- ¼ cawan (59 mL) air
- 4 cawan (680 g) kacang tali yang dicincang (panjang ½ inci [13 mm])
- 1–2 cili Thai, serrano, atau cayenne, dicincang
- 1 sudu teh garam laut kasar
- 1 sudu teh serbuk cili merah atau cayenne

ARAHAN:

a) Dalam kuali yang berat dan dalam, panaskan minyak di atas api yang sederhana tinggi.

b) Masukkan jintan manis dan kunyit, dan masak sehingga biji mendesis, kira-kira 30 saat.

c) Masukkan bawang besar, akar halia, dan bawang putih. Masak sehingga sedikit perang, kira-kira 2 minit.

d) Masukkan kentang dan masak selama 2 minit lagi, kacau sentiasa. Masukkan air untuk mengelakkan melekat.

e) Masukkan kacang tali. Masak selama 2 minit, kacau sekali-sekala.

f) Masukkan cili, garam, dan serbuk cili merah.

g) Kecilkan api kepada sederhana-rendah dan separa tutup kuali. Masak selama 15 minit, sehingga kacang dan kentang lembut. Matikan api dan biarkan kuali duduk, tertutup, pada penunu yang sama selama 5 hingga 10 minit lagi.

h) Hidangkan dengan nasi basmati putih atau perang, roti atau naan.

46. Terung dengan Kentang

BAHAN-BAHAN:
- 2 sudu besar minyak
- ½ sudu teh asafetida (hingga)
- 1 sudu kecil biji jintan manis
- ½ sudu teh serbuk kunyit
- 1 (2 inci [5 cm]) keping akar halia, dikupas dan dipotong menjadi batang mancis sepanjang ½ inci (13 mm)
- 4 ulas bawang putih, kupas dan cincang kasar
- 1 kentang sederhana, dikupas dan dicincang kasar
- 1 biji bawang besar, kupas dan cincang kasar
- 1–3 cili Thai, serrano, atau cayenne, dicincang
- 1 tomato besar, dicincang kasar
- 4 terung sederhana dengan kulit, dicincang kasar, termasuk hujung berkayu (8 cawan [656 g])
- 2 sudu kecil garam laut kasar
- 1 sudu besar garam masala
- 1 sudu besar ketumbar kisar
- 1 sudu teh serbuk cili merah atau cayenne
- 2 sudu besar cilantro segar yang dicincang, untuk hiasan

ARAHAN:

a) Dalam kuali yang dalam dan berat, panaskan minyak di atas api yang sederhana tinggi.

b) Masukkan asafetida, jintan manis, dan kunyit. Masak sehingga biji mendesis, kira-kira 30 saat.

c) Masukkan akar halia dan bawang putih. Masak, kacau sentiasa, selama 1 minit.

d) Masukkan kentang. Masak selama 2 minit.

e) Masukkan bawang dan cili dan masak selama 2 minit lagi, sehingga perang sedikit.

f) Masukkan tomato dan masak selama 2 minit. Pada ketika ini, anda telah mencipta asas untuk hidangan anda.

g) Masukkan terung. (Adalah penting untuk mengekalkan hujung kayu supaya anda dan tetamu anda boleh mengunyah pusat daging yang lazat itu kemudian.)

h) Masukkan garam, garam masala, ketumbar, dan serbuk cili merah. Masak selama 2 minit.

i) Kecilkan api, tutup sebahagiannya kuali, dan masak selama 10 minit lagi.

j) Matikan api, tutup kuali sepenuhnya, dan biarkan selama 5 minit supaya semua perisa berpeluang untuk benar-benar sebati. Hiaskan dengan daun ketumbar dan hidangkan bersama roti atau naan.

47.Pucuk Masala Brussels

BAHAN-BAHAN:
- 1 sudu besar minyak
- 1 sudu kecil biji jintan manis
- 2 cawan (474 mL) Gila Masala
- 1 cawan (237 mL) air
- 4 sudu besar (60 mL) Krim Gajus
- 4 cawan (352 g) pucuk Brussels, dipotong dan dibelah dua
- 1–3 cili Thai, serrano, atau cayenne, dicincang
- 2 sudu kecil garam laut kasar
- 1 sudu teh garam masala
- 1 sudu teh ketumbar kisar
- 1 sudu teh serbuk cili merah atau cayenne
- 2 sudu besar cilantro segar yang dicincang, untuk hiasan

ARAHAN:

a) Dalam kuali yang dalam dan berat, panaskan minyak di atas api yang sederhana tinggi.

b) Masukkan jintan manis dan masak sehingga biji mendesis, kira-kira 30 saat.

c) Masukkan Stok Sup Tomato India Utara, air, Krim Gajus, pucuk Brussels, cili, garam, garam masala, ketumbar, dan serbuk cili merah.

d) Biarkan mendidih. Kecilkan api dan reneh tanpa tutup selama 10 hingga 12 minit, sehingga pucuk Brussels lembut.

e) Hiaskan dengan ketumbar dan hidangkan di atas beras basmati perang atau putih atau dengan roti atau naan.

48. Bit dengan Biji Sawi dan Kelapa

BAHAN-BAHAN:
- 1 sudu besar minyak
- 1 sudu kecil biji sawi hitam
- 1 bawang kuning atau merah sederhana, dikupas dan dipotong dadu
- 2 sudu teh jintan kisar
- 2 sudu teh ketumbar kisar
- 1 sudu teh masala India Selatan
- 1 sudu besar kelapa parut tanpa gula
- 5–6 bit kecil, dikupas dan dipotong dadu (3 cawan [408 g])
- 1 sudu teh garam laut kasar
- 1½ [356 mL] cawan air

ARAHAN:

a) Dalam kuali yang berat, panaskan minyak di atas api yang sederhana tinggi.

b) Masukkan biji sawi dan masak sehingga mendidih, kira-kira 30 saat.

c) Masukkan bawang dan masak sehingga perang sedikit, kira-kira 1 minit.

d) Masukkan jintan manis, ketumbar, masala India Selatan, dan kelapa. Masak selama 1 minit.

e) Masukkan bit dan masak selama 1 minit.

f) Masukkan garam dan air. Didihkan, kecilkan api, tutup dan reneh selama 15 minit.

g) Matikan api dan biarkan kuali duduk, tertutup, selama 5 minit supaya hidangan dapat menyerap semua rasa. Hidangkan di atas beras basmati perang atau putih atau dengan roti atau naan.

49.Skuasy Masala parut

BAHAN-BAHAN:
- 2 sudu besar minyak
- 2 sudu kecil biji jintan manis
- 2 sudu teh ketumbar kisar
- 1 sudu kecil serbuk kunyit
- 1 labu besar atau labu (sebarang jenis labu musim sejuk atau musim panas boleh digunakan), dikupas dan diparut (8 cawan [928 g])
- 1 (2 inci [5 cm]) keping akar halia, dikupas dan dipotong dalam batang mancis (⅓ cawan [32 g])
- 1 sudu teh garam laut kasar
- 2 sudu besar air Jus 1 lemon
- 2 sudu besar cilantro segar yang dicincang

ARAHAN:

a) Dalam kuali yang dalam dan berat, panaskan minyak di atas api yang sederhana tinggi.

b) Masukkan jintan manis, ketumbar, dan kunyit. Masak sehingga biji mendesis, kira-kira 30 saat.

c) Masukkan labu, akar halia, garam, dan air. Masak selama 2 minit dan gaul rata.

d) Tutup kuali dan kecilkan api ke sederhana rendah. Masak selama 8 minit.

e) Masukkan jus lemon dan ketumbar. Hidangkan dengan roti atau naan, atau lakukan seperti yang saya lakukan, dan hidangkan di atas muffin Inggeris yang dibakar di atasnya dengan cincin bawang kuning atau merah yang dihiris nipis.

50. Terung Bayi Sumbat Gajus

BAHAN-BAHAN:
- ½ cawan (69 g) gajus mentah
- 20 anak terung
- 2 sudu besar minyak, dibahagikan
- 1 sudu kecil biji jintan manis
- 1 sudu kecil biji ketumbar
- 1 sudu besar bijan
- ½ sudu teh biji sawi hitam
- ½ sudu teh biji adas
- ¼ sudu teh biji fenugreek
- 1 biji bawang besar kuning atau merah, kupas dan potong dadu
- 1 keping akar halia, dikupas dan diparut atau dikisar
- 4 ulas bawang putih, kupas dan cincang kasar
- 1–3 cili Thai, serrano, atau cayenne, dicincang
- 1 sudu kecil serbuk kunyit
- 1 sudu teh gula merah parut (gur)
- 2 sudu teh garam masala
- 1 sudu besar garam laut kasar
- 1 sudu teh serbuk cili merah atau cayenne
- 1 cawan (237 mL) air, dibahagikan
- 2 sudu besar cilantro segar yang dicincang, untuk hiasan

ARAHAN:

a) Rendam gajus dalam air semasa anda menyediakan bahan-bahan yang tinggal.

b) Potong 2 celah serenjang dalam setiap terung dari bawah, bergerak ke arah batang dan berhenti sebelum anda memotong terung. Mereka harus kekal utuh. Anda akan mempunyai 4 bahagian apabila selesai, disatukan oleh batang berkayu hijau. Letakkannya dalam semangkuk air semasa anda menyediakan bahan-bahan yang tinggal. Ini akan membantu membuka sedikit terung supaya anda boleh memasukkannya dengan lebih baik kemudian.

c) Dalam kuali yang berat, panaskan 1 sudu besar minyak di atas api yang sederhana tinggi.

d) Masukkan jintan manis, ketumbar, bijan, sawi, adas, dan biji halba. Masak sehingga biji muncul sedikit, kira-kira 30 saat. Jangan terlalu masak kerana halba boleh menjadi pahit.

e) Masukkan bawang besar, akar halia, bawang putih, dan cili. Masak sehingga bawang keperangan, kira-kira 2 minit.

f) Masukkan kunyit, jaggery, garam masala, garam, serbuk cili merah, dan gajus toskan. Masak selama 2 minit lagi, sehingga sebati.

g) Pindahkan campuran ini ke pemproses makanan. Tambah ½ cawan (119 mL) air dan proses sehingga licin. Ambil masa anda; anda mungkin perlu berhenti dan mengikis bahagian tepi.

h) Terung kini sedia untuk disumbat! Memegang terung dalam satu tangan, letakkan kira-kira 1 sudu besar campuran ke dalam inti terung, meliputi semua sisi.

i) Tutup perlahan-lahan terung dan letakkan dalam mangkuk besar sehingga anda selesai memasukkan semua terung.

j) Dalam kuali yang besar dan dalam, panaskan baki 1 sudu besar minyak di atas api yang sederhana tinggi. Masukkan terung perlahan-lahan, satu demi satu. Masukkan sisa masala dan baki ½ cawan air dan kecilkan api ke sederhana rendah. Tutup kuali dan masak selama 20 minit, kacau perlahan-lahan sekali-sekala, berhati-hati untuk memastikan terung tetap utuh.

k) Tutup api dan biarkan terung selama 5 minit untuk benar-benar masak dan menyerap semua rasa. Hiaskan dengan ketumbar dan hidangkan di atas nasi atau dengan roti atau naan.

51. Bayam Berempah dengan "Paneer"

BAHAN-BAHAN:
- 2 sudu besar minyak
- 1 sudu besar biji jintan manis
- 1 sudu kecil serbuk kunyit
- 1 biji bawang besar kuning atau merah, kupas dan potong dadu
- 1 (2 inci [5 cm]) keping akar halia, dikupas dan diparut atau dicincang
- 6 ulas bawang putih, kupas dan parut atau kisar
- 2 tomato besar, dicincang
- 1–2 cili Thai, serrano, atau cayenne, dicincang
- 2 sudu besar pes tomato
- 1 cawan (237 mL) air
- 1 sudu besar ketumbar kisar
- 1 sudu besar garam masala
- 2 sudu kecil garam laut kasar
- 12 cawan (360 g) bayam segar cincang yang dibungkus padat
- 1 (14-auns [397-g]) bungkusan tauhu organik lebih padat, dibakar dan dikisar

ARAHAN:

a) Dalam kuali yang luas dan berat, panaskan minyak di atas api yang sederhana tinggi.

b) Masukkan jintan manis dan kunyit dan masak sehingga biji mendesis, kira-kira 30 saat.

c) Masukkan bawang dan masak sehingga perang, kira-kira 3 minit, kacau perlahan-lahan supaya ia tidak melekat.

d) Masukkan akar halia dan bawang putih. Masak selama 2 minit.

e) Masukkan tomato, cili, pes tomato, air, ketumbar, garam masala, dan garam. Kecilkan api dan reneh selama 5 minit.

f) Masukkan bayam. Anda mungkin perlu melakukan ini secara berkelompok, menambah lagi apabila ia layu. Ia akan kelihatan seperti anda mempunyai terlalu banyak bayam, tetapi jangan risau. Semuanya akan masak. Percayalah!

g) Masak selama 7 minit, sehingga bayam layu dan masak. Kisar dengan pengisar rendaman atau dalam pengisar tradisional.

h) Masukkan tauhu dan masak selama 2 hingga 3 minit lagi. Hidangkan bersama roti atau naan.

52.Tembikai Musim Sejuk Kari

BAHAN-BAHAN:
- 2 sudu besar minyak
- ½ sudu teh asafetida
- 1 sudu kecil biji jintan manis
- ½ sudu teh serbuk kunyit
- 1 tembikai musim sejuk sederhana, kulit dibiarkan, dipotong dadu
- 1 tomato sederhana, dipotong dadu

ARAHAN:
a) Dalam kuali yang dalam dan berat, panaskan minyak di atas api yang sederhana tinggi.
b) Masukkan asafetida, jintan manis, dan kunyit dan masak sehingga biji mendesis, kira-kira 30 saat.
c) Tambah tembikai musim sejuk. Masak selama 3 minit.
d) Masukkan tomato, kecilkan api, dan tutup sebahagiannya. Masak selama 15 minit.
e) Tutup api. Laraskan penutup supaya ia menutupi kuali sepenuhnya, dan biarkan kuali duduk selama 10 minit untuk menggabungkan rasa sepenuhnya.

53.Kentang Fenugreek-Bayam

BAHAN-BAHAN:
- 2 sudu besar minyak
- 1 sudu kecil biji jintan manis
- 1 paket 12-auns bayam beku
- 1½ cawan daun fenugreek kering
- 1 kentang besar, dikupas dan dipotong dadu
- 1 sudu teh garam laut kasar
- ½ sudu teh serbuk kunyit
- ¼ sudu teh serbuk cili merah atau cayenne
- ¼ cawan (59 mL) air

ARAHAN:

a) Dalam kuali yang berat, panaskan minyak di atas api yang sederhana tinggi.

b) Masukkan jintan manis dan masak sehingga biji mendesis, kira-kira 30 saat.

c) Masukkan bayam dan kecilkan api kepada sederhana-rendah. Tutup kuali dan masak selama 5 minit.

d) Masukkan daun halba, gaul rata, tutup tudung dan masak selama 5 minit lagi.

e) Masukkan kentang, garam, kunyit, serbuk cili merah, dan air. Gaul perlahan-lahan.

f) Gantikan tudung dan masak selama 10 minit.

g) Keluarkan kuali dari api dan biarkan ia duduk dengan penutup selama 5 minit lagi. Hidangkan bersama roti atau naan.

54. Kacang Bendi

BAHAN-BAHAN:
- 2 sudu besar minyak
- 1 sudu kecil biji jintan manis
- 1 sudu kecil serbuk kunyit
- 1 bawang kuning atau merah besar, dikupas dan dicincang kasar
- 1 keping akar halia, dikupas dan diparut atau dikisar
- 3 ulas bawang putih, kupas dan cincang, cincang atau parut
- 2 paun bendi, dibasuh, dikeringkan, dipotong dan dipotong
- 1–2 cili Thai, serrano, atau cayenne, dicincang
- ½ sudu teh serbuk mangga
- 1 sudu teh serbuk cili merah atau cayenne
- 1 sudu teh garam masala
- 2 sudu kecil garam laut kasar

ARAHAN:
a) Dalam kuali yang dalam dan berat, panaskan minyak di atas api yang sederhana tinggi. Masukkan jintan manis dan kunyit. Masak sehingga biji mula mendesis, kira-kira 30 saat.

b) Masukkan bawang dan masak sehingga perang, 2 hingga 3 minit. Ini adalah langkah utama untuk bendi saya. Potongan bawang yang besar dan besar hendaklah berwarna perang dan sedikit karamel. Ini akan menjadi asas yang lazat untuk hidangan akhir.

c) Masukkan akar halia dan bawang putih. Masak selama 1 minit, kacau sekali-sekala.

d) Masukkan bendi dan masak selama 2 minit, sehingga bendi bertukar menjadi hijau terang .

e) Masukkan cili, serbuk mangga, serbuk cili merah, garam masala, dan garam. Masak selama 2 minit, kacau sekali-sekala.

f) Kecilkan api kepada perlahan dan tutup sebahagiannya. Masak selama 7 minit, kacau sekali-sekala.

g) Tutup api dan laraskan penutup supaya ia menutup periuk sepenuhnya. Biarkan selama 3 hingga 5 minit untuk membolehkan semua rasa diserap.

h) Hiaskan dengan ketumbar dan hidangkan dengan beras basmati perang atau putih, roti atau naan.

SALAD DAN SISI

55.Salad Kacang Pedas

BAHAN-BAHAN:
- 4 cawan kacang masak (atau 2 tin [15-auns] (426-g), toskan dan bilas)
- 1 kentang sederhana, direbus dan dipotong dadu
- ½ bawang merah sederhana, dikupas dan dipotong dadu
- 1 tomato sederhana, dipotong dadu
- 1 keping akar halia, dikupas dan diparut atau dikisar
- 2–3 cili Thai, serrano, atau cayenne hijau, dicincang
- Jus 1 lemon
- 1 sudu kecil garam hitam (kala namak)
- 1 sudu teh Chaat Masala
- ½ sudu teh garam laut kasar
- ½-1 sudu teh serbuk cili merah atau cayenne
- ¼ cawan (4 g) ketumbar segar yang dicincang
- ¼ cawan (59 mL) Tamarind–Kurma Chutney

ARAHAN:

a) Dalam mangkuk besar, campurkan semua Bahan kecuali Tamarind–Date Chutney.

b) Bahagikan salad di antara mangkuk hidangan kecil dan tutup setiap satu dengan satu sudu Tamarind–Date Chutney.

56.Salad Taugeh Ibu

BAHAN-BAHAN:
- 1 cawan (192 g) lentil hijau penuh (sabut moong)
- 1 bawang hijau, dicincang
- 1 tomato kecil, dicincang (½ cawan [80 g])
- ½ lada benggala merah atau kuning kecil, dicincang (¼ cawan [38 g])
- 1 timun kecil, dikupas dan dicincang
- 1 kentang kecil, direbus, dikupas, dan dicincang
- 1 keping akar halia, dikupas dan diparut atau dikisar
- 1–2 cili Thai, serrano, atau cayenne hijau, dicincang
- ¼ cawan (4 g) ketumbar segar yang dicincang
- Jus ½ lemon atau limau nipis
- ½ sudu teh garam laut
- ½ sudu teh serbuk cili merah atau cayenne
- ½ sudu teh minyak

ARAHAN:
a) Satukan semua Bahan dan gaul rata. Hidangkan sebagai salad sampingan atau sebagai snek cepat, sihat, protein tinggi.
b) Isi dalam pita dengan alpukat cincang untuk makan tengah hari yang cepat.

57. Salad Jalanan Chickpea Popper

BAHAN-BAHAN:
- 4 cawan (948 mL) Chickpea Poppers dimasak dengan sebarang masala
- 1 bawang kuning atau merah sederhana, dikupas dan dipotong dadu
- 1 tomato besar, potong dadu
- Jus 2 biji limau
- ½ cawan (8 g) ketumbar segar yang dicincang
- 2–4 cili Thai, serrano, atau cayenne hijau, dicincang
- 1 sudu teh garam laut kasar
- 1 sudu kecil garam hitam (kala namak)
- 1 sudu teh serbuk cili merah atau cayenne
- 1 sudu teh Chaat Masala
- ½ cawan (119 mL) Pudina Chutney
- ½ cawan (119 mL) Tamarind–Kurma Chutney
- 1 cawan (237 mL) Raita Yogurt Soya

ARAHAN:
a) Dalam mangkuk yang dalam, campurkan Chickpea Poppers, bawang, tomato, jus lemon, ketumbar, cili, garam laut, garam hitam, serbuk cili merah dan Chaat Masala.
b) Bahagikan adunan di antara mangkuk hidangan individu.
c) Teratas setiap mangkuk dengan satu sudu setiap Pudina dan Tamarind–Chutneys dan Yogurt Soya Raita. Hidangkan segera.

58.Salad Jagung Jalanan

BAHAN-BAHAN:
- 4 biji jagung, dikupas dan dibersihkan
- Jus 1 lemon sederhana
- 1 sudu teh garam laut kasar
- 1 sudu kecil garam hitam (kala namak)
- 1 sudu teh Chaat Masala
- 1 sudu teh serbuk cili merah atau cayenne

ARAHAN:

a) Panggang jagung sehingga sedikit hangus.

b) Keluarkan biji dari jagung.

c) Masukkan biji jagung dalam mangkuk dan campurkan semua Bahan lain. Hidangkan segera.

59. Salad Lobak Merah yang rangup

BAHAN-BAHAN:
- ½ cawan (96 g) lentil hijau dibelah dan dikuliti
- 5 cawan (550 g) lobak merah yang dikupas dan parut
- 1 daikon sederhana, dikupas dan parut
- ¼ cawan (40 g) kacang tanah mentah, panggang kering
- ¼ cawan (4 g) ketumbar segar dicincang
- Jus 1 lemon sederhana
- 2 sudu kecil garam laut kasar
- ½ sudu teh serbuk cili merah atau cayenne
- 1 sudu besar minyak
- 1 sudu kecil biji sawi hitam
- 6-7 helai daun kari, dihiris kasar
- 1–2 cili Thai, serrano, atau cayenne hijau, dicincang

ARAHAN:

a) Rendam lentil dalam air masak selama 20 hingga 25 minit, sehingga al dente. longkang.

b) Letakkan lobak merah dan daikon dalam mangkuk yang dalam.

c) Masukkan lentil, kacang tanah, ketumbar, jus lemon, garam, dan serbuk cili merah.

d) Dalam kuali yang cetek dan berat, panaskan minyak di atas api yang sederhana tinggi.

e) Masukkan biji sawi. Tutup kuali (supaya ia tidak terkeluar dan hangus) dan masak sehingga biji mendesis, kira-kira 30 saat.

f) Berhati-hati masukkan daun kari dan cili hijau.

g) Tuangkan campuran ini ke atas salad dan gaul rata. Hidangkan segera, atau sejukkan sebelum dihidangkan.

60. Chaat delima

BAHAN-BAHAN:
- 2 buah delima besar, dibuang biji (3 cawan [522 g])
- ½–1 sudu teh garam hitam (kala namak)

ARAHAN:
a) Campurkan biji dengan garam hitam.
b) Nikmati segera, atau simpan dalam peti sejuk sehingga seminggu.

61. Salad Buah Masala

BAHAN-BAHAN:
- 1 tebu masak sederhana masak, dikupas dan dipotong dadu (7 cawan [1.09 kg])
- 3 biji pisang sederhana, dikupas dan dihiris
- 1 cawan (100 g) anggur tanpa biji
- 2 biji pir sederhana, dibuang biji dan dipotong dadu
- 2 epal kecil, dibuang biji dan dipotong dadu (1 cawan [300 g])
- Jus 1 lemon atau limau nipis
- ½ sudu teh garam laut kasar
- ½ sudu teh Chaat Masala
- ½ sudu teh garam hitam (kala namak)
- ½ sudu teh serbuk cili merah atau cayenne

ARAHAN:
a) Dalam mangkuk besar, kacau perlahan-lahan semua Bahan.
b) Hidangkan segera cara makanan jalanan tradisional, dalam mangkuk kecil dengan pencungkil gigi.

62.Salad India Utara hangat

BAHAN-BAHAN:
- 1 sudu besar minyak
- 1 sudu kecil biji jintan manis
- ½ sudu teh serbuk kunyit
- 1 bawang kuning atau merah sederhana, dikupas dan dicincang
- 1 keping akar halia, dikupas dan dihiris menjadi batang mancis
- 2 ulas bawang putih, kupas dan parut
- 1–2 cili Thai, serrano atau cayenne hijau
- 2 cawan (396 g) kacang atau lentil yang telah dimasak
- 1 sudu teh garam laut kasar
- ½ sudu teh serbuk cili merah atau cayenne
- ½ sudu teh garam hitam (kala namak)
- ¼ cawan (4 g) ketumbar segar yang dicincang

ARAHAN:
a) Dalam kuali yang dalam dan berat, panaskan minyak di atas api yang sederhana tinggi.
b) Masukkan jintan manis dan kunyit. Masak sehingga biji mendesis, kira-kira 30 saat.
c) Masukkan bawang besar, akar halia, bawang putih, dan cili. Masak sehingga keperangan, kira-kira 2 minit.
d) Masukkan kacang atau lentil. Masak lagi 2 minit.
e) Masukkan garam laut, serbuk cili, garam hitam, dan ketumbar. Gaul rata dan hidangkan.

63. Salad Jalanan India Sejuk

BAHAN-BAHAN:
- 4 cawan kacang atau lentil yang dimasak
- 1 biji bawang merah sederhana, kupas dan potong dadu
- 1 tomato sederhana, dipotong dadu
- 1 biji timun kecil, kupas dan potong dadu
- 1 daikon sederhana, dikupas dan parut
- 1–2 cili Thai, serrano, atau cayenne hijau, dicincang
- ¼ cawan (4 g) ketumbar segar dicincang, dicincang
- Jus 1 lemon besar
- 1 sudu teh garam laut kasar
- ½ sudu teh garam hitam (kala namak)
- ½ sudu teh Chaat Masala
- ½ sudu teh serbuk cili merah atau cayenne
- 1 sudu teh kunyit putih segar, dikupas dan parut (pilihan)

ARAHAN:
a) Dalam mangkuk yang dalam, campurkan semua Bahan.
b) Hidangkan segera sebagai salad sampingan atau dibungkus dengan daun salad.

64.Salad Oren

BAHAN-BAHAN:
- 3 oren sederhana, dikupas, dibiji dan dipotong dadu (3 cawan [450 g])
- 1 bawang kuning atau merah kecil, dikupas dan dikisar
- 10–12 buah zaitun Kalamata hitam, diadu dan dicincang kasar
- ¼ cawan (4 g) ketumbar segar yang dicincang
- Jus 2 limau nipis sederhana
- ½ sudu teh garam laut kasar
- ½ sudu teh garam hitam (kala namak)
- ½ sudu teh garam masala
- ½ sudu teh lada hitam tanah
- ¼ sudu teh serbuk cili merah atau cayenne

ARAHAN:
a) Gaul rata semua Bahan.
b) Sejukkan sekurang-kurangnya 30 minit sebelum dihidangkan.

SUP

65. Sup Tomato India Utara

BAHAN-BAHAN:
- 2 sudu teh minyak
- 1 sudu kecil biji jintan manis
- ½ sudu teh serbuk kunyit
- 4 biji tomato sederhana, dikupas dan dicincang kasar
- 1 keping akar halia, dikupas dan diparut atau dikisar
- 3 ulas bawang putih, kupas dan cincang
- 1–2 cili Thai, serrano, atau cayenne hijau, dicincang
- ¼ cawan (4 g) ketumbar segar yang dicincang
- ½ sudu teh serbuk cili merah atau cayenne
- 4 cawan (948 mL) air
- 1 sudu teh garam laut kasar
- ½ sudu teh lada hitam tanah
- Jus ½ kapur
- 2 sudu besar yis pemakanan
- Crouton, untuk hiasan

ARAHAN:

a) Dalam periuk sup besar, panaskan minyak di atas api yang sederhana tinggi.

b) Masukkan jintan manis dan kunyit dan masak sehingga biji mendesis, kira-kira 30 saat.

c) Masukkan tomato, akar halia, bawang putih, cili, ketumbar, serbuk cili merah, dan air. Biarkan mendidih.

d) Kecilkan api kepada api sederhana rendah dan reneh selama kira-kira 15 minit. Setelah tomato lembut, proseskan dengan pengisar rendaman sehingga halus.

e) Tambah garam, lada hitam, jus limau nipis, dan yis pemakanan, jika digunakan. Gaul rata dan hidangkan panas-panas, dihiasi dengan crouton. Jadikan ini sebagai hidangan mini dengan menambah satu sudu besar beras basmati perang atau putih yang dimasak ke dalam setiap cawan sebelum dihidangkan.

66. Sup Susu Soya Halia

BAHAN-BAHAN:
- 2 cawan susu soya tanpa gula biasa
- ¼ cawan (59 mL) Adarak Masala
- ½ sudu teh garam laut kasar
- ½ sudu teh serbuk cili merah atau cayenne
- 1–3 cili Thai, serrano, atau cayenne hijau, dicincang
- ½ cawan (119 mL) air (pilihan)
- ¼ cawan (4 g) cilantro segar yang dicincang

ARAHAN:

a) Dalam periuk di atas api sederhana tinggi, masak susu soya hingga mendidih.

b) Masukkan Adarak Masala, garam, serbuk cili merah, cili hijau, dan air (jika guna).

c) Didihkan, masukkan ketumbar, dan hidangkan bersama roti atau naan pekat.

67. Sup Seitan Mulligatawny

BAHAN-BAHAN:
- 1 cawan (192 g) lentil merah kering (coklat) (masoor dal), dibersihkan dan dibasuh
- 8 cawan (1.90 L) air
- 1 bawang sederhana, dikupas dan dicincang kasar
- 2 tomato sederhana, dikupas dan dicincang kasar (1 cawan timbun [160 g])
- 1 kentang kecil, dikupas dan dipotong dadu
- 1 sudu besar lada hitam keseluruhan
- 1 sudu kecil serbuk kunyit
- 1 (8 auns [227-g]) bungkusan seitan biasa, toskan dan potong kecil (2 cawan)
- 2 sudu kecil garam laut kasar
- 1 sudu kecil lada hitam dikisar
- 1 sudu besar gram (chickpea) tepung (besan)
- 3 sudu besar minyak
- 3 sudu besar Pes Halia–Bawang Putih
- 2 sudu teh jintan kisar
- 2 sudu teh ketumbar kisar
- 1 sudu teh serbuk cili merah atau cayenne
- Jus 1 lemon

ARAHAN:
a) Masukkan lentil, air, bawang, tomato, kentang, lada, dan kunyit dalam periuk sup yang besar dan berat. Didihkan dengan api sederhana besar, dan kemudian kecilkan api hingga mendidih.
b) Masak sebahagian bertutup selama 20 minit.
c) Sementara itu, campurkan seitan, garam, dan lada hitam yang dikisar.
d) Apabila sup selesai dimasak, kisar sehingga halus sama ada dengan pengisar rendaman, pengisar biasa atau pengisar yang lebih berkuasa. Campurkan dalam kelompok jika perlu.
e) Taburkan sedikit seitan dengan tepung gram.
f) Dalam kuali kecil, panaskan minyak di atas api yang sederhana tinggi.
g) Masukkan Pes Halia–Bawang Putih dan goreng selama 1 hingga 2 minit. (Sediakan penutup; minyak mungkin memercik. Teruskan kacau, dan kecilkan api jika perlu.)
h) Masukkan jintan putih, ketumbar, dan serbuk cili merah dan kacau selama 1 minit.
i) Masukkan adunan seitan dan masak selama 3 minit lagi, sehingga sedikit keperangan.
j) Masukkan campuran ini ke dalam sup, dan biarkan mendidih.
k) Masukkan jus lemon.
l) Hidangkan panas, dalam mangkuk. Anda juga boleh menambah satu sudu besar nasi yang telah dimasak ke dalam setiap mangkuk sebelum menambah sup untuk menambah tekstur.

68.Sup Hijau Berempah

BAHAN-BAHAN:
- 2 sudu besar minyak
- 1 sudu kecil biji jintan manis
- 2 helai daun cassia
- 1 bawang kuning sederhana, dikupas dan dicincang kasar
- 1 keping akar halia, dikupas dan diparut atau dikisar
- 10 ulas bawang putih, kupas dan cincang kasar
- 1 kentang kecil, dikupas dan dicincang kasar
- 1–2 cili Thai, serrano, atau cayenne hijau, dicincang
- 2 cawan (290 g) kacang polong, segar atau beku
- 2 cawan (60 g) sayur-sayuran cincang yang dibungkus
- 6 cawan air
- ½ cawan (8 g) ketumbar segar yang dicincang
- 2 sudu kecil garam laut kasar
- ½ sudu teh ketumbar kisar
- ½ sudu teh Jintan Kisar Panggang
- Jus ½ lemon
- Crouton, untuk hiasan

ARAHAN:
a) Dalam periuk sup yang dalam dan berat, panaskan minyak di atas api yang sederhana tinggi.
b) Masukkan biji jintan manis dan daun cassia dan panaskan sehingga biji mendesis, kira-kira 30 saat.
c) Masukkan bawang besar, akar halia, dan bawang putih. Masak selama 2 minit lagi, kacau sekali-sekala.
d) Masukkan kentang dan masak selama 2 minit lagi.
e) Masukkan cili, kacang, dan sayur-sayuran. Masak 1 hingga 2 minit, sehingga sayur-sayuran layu.
f) Masukkan air. Didihkan, kecilkan api, dan reneh tanpa tutup selama 5 minit.
g) Masukkan daun ketumbar.
h) Keluarkan daun cassia atau bay dan gaul dengan pengisar rendaman.
i) Kembalikan sup ke dalam periuk. Masukkan garam, ketumbar, dan jintan halus. Kembalikan sup sehingga mendidih. Masukkan jus lemon.

69. Sup Tomato dan Tamarind India Selatan

BAHAN-BAHAN:
- ½ cawan (96 g) kacang merpati kering dibelah dan dikuliti (toor dal), dibersihkan dan dibasuh
- 4 tomato sederhana, dikupas dan dicincang kasar (4 cawan [640 g])
- 1 keping akar halia, dikupas dan diparut atau dikisar
- 2 sudu kecil garam laut kasar
- 1 sudu kecil serbuk kunyit
- 1 cawan (237 mL) Jus Tamarind
- 2 sudu besar Serbuk Rasam
- 7 cawan (1.66 L) air
- 1 sudu besar minyak
- 1 sudu kecil biji sawi hitam
- 1 sudu kecil biji jintan manis
- 15–20 helai daun kari, dihiris kasar
- 1 sudu besar ketumbar segar yang dicincang, untuk hiasan
- Lemon wedges, untuk hiasan

ARAHAN:

a) Masukkan kacang merpati, tomato, akar halia, garam, kunyit, Jus Tamarind, Serbuk Rasam, dan air ke dalam periuk perlahan. Masak di atas api selama 3½ jam.

b) Kisar dengan pengisar rendaman, dalam pengisar tradisional, atau dalam pengisar yang berkuasa.

c) Sementara itu, di atas dapur, buat pembajaan (tarka). Dalam kuali tumis, panaskan minyak di atas api yang sederhana tinggi. Masukkan mustard dan jintan manis dan masak sehingga adunan mendesis, kira-kira 30 saat. Masukkan daun kari dan masak sehingga daun bertukar sedikit keperangan dan mula menggulung. Berhati-hati gaul sekali-sekala supaya rempah tidak hangus. Selepas 1 hingga 2 minit, masukkan adunan panas ke dalam periuk perlahan.

d) Masak sup selama 30 minit lagi dan hidangkan serta-merta, dihiasi dengan daun ketumbar dan sebiji lemon.

70. Sup Lentil Berempah (Sup Masoor Dal)

BAHAN-BAHAN:
- 1 cawan lentil merah (masoor dal), basuh dan rendam
- 1 biji bawang, dicincang halus
- 1 tomato, dicincang
- 1 lobak merah, potong dadu
- 1 batang saderi, dihiris
- 2 ulas bawang putih, dikisar
- 1 inci halia, parut
- 1 sudu kecil biji jintan manis
- 1 sudu kecil serbuk kunyit
- 1 sudu kecil serbuk ketumbar
- 1/2 sudu kecil serbuk cili merah
- Garam secukup rasa
- 4 cawan sup sayur atau ayam
- Daun ketumbar segar untuk hiasan

ARAHAN:
a) Dalam periuk, panaskan minyak dan masukkan biji jintan manis. Sebaik sahaja mereka memercik, masukkan bawang cincang, bawang putih, dan halia.
b) Tumis sehingga bawang lut sinar, kemudian masukkan tomato cincang, serbuk kunyit, serbuk ketumbar, dan serbuk cili merah.
c) Masukkan lentil yang telah direndam, lobak merah potong dadu, saderi, dan garam. Gaul sebati.
d) Tuangkan sup dan masak sup sehingga mendidih. Reneh sehingga lentil dan sayur empuk.
e) Hiaskan dengan daun ketumbar segar sebelum dihidangkan.

71.Sup Tomato dan Jintan Manis

BAHAN-BAHAN:
- 4 biji tomato besar, dicincang
- 1 bawang, dicincang
- 2 ulas bawang putih, dikisar
- 1 sudu kecil biji jintan manis
- 1/2 sudu kecil serbuk cili merah
- 1/2 sudu teh gula
- Garam secukup rasa
- 4 cawan sup sayur
- Daun ketumbar segar untuk hiasan

ARAHAN:
a) Dalam periuk, panaskan minyak dan masukkan biji jintan manis. Sebaik sahaja mereka memercik, masukkan bawang cincang dan bawang putih.
b) Tumis hingga bawang berwarna perang keemasan, kemudian masukkan tomato cincang, serbuk cili merah, gula, dan garam.
c) Masak sehingga tomato lembut dan berlemak.
d) Tuangkan sup sayur-sayuran dan biarkan sup mendidih.
e) Hiaskan dengan daun ketumbar segar sebelum dihidangkan.

72.Sup Labu Berempah

BAHAN-BAHAN:
- 2 cawan labu, potong dadu
- 1 bawang, dicincang
- 2 ulas bawang putih, dikisar
- 1 inci halia, parut
- 1 sudu kecil biji jintan manis
- 1/2 sudu kecil serbuk ketumbar
- 1/2 sudu teh serbuk kayu manis
- Secubit buah pala
- Garam dan lada sulah secukup rasa
- 4 cawan sup sayur
- 1/2 cawan santan
- Ketumbar segar untuk hiasan

ARAHAN:
a) Dalam periuk, panaskan minyak dan masukkan biji jintan manis. Sebaik sahaja mereka memercik, masukkan bawang cincang, bawang putih, dan halia.
b) Tumis sehingga bawang lut sinar, kemudian masukkan labu potong dadu, serbuk ketumbar, serbuk kayu manis, buah pala, garam dan lada sulah.
c) Masak selama beberapa minit, kemudian tuangkan sup sayur-sayuran dan reneh sehingga labu lembut.
d) Blend sup sehingga sebati, kembalikan ke dalam periuk, dan kacau dengan santan.
e) Hiaskan dengan daun ketumbar segar sebelum dihidangkan.

73. Rasam Tomato Pedas

BAHAN-BAHAN:
- 2 tomato besar, dicincang
- 1/2 cawan perahan asam jawa
- 1 sudu kecil biji sawi
- 1 sudu kecil biji jintan manis
- 1/2 sudu kecil lada hitam
- 1/2 sudu kecil serbuk kunyit
- 1/2 sudu kecil serbuk rasam
- Secubit asafoetida (engsel)
- daun kari
- Daun ketumbar untuk hiasan
- Garam secukup rasa

ARAHAN:

a) Dalam periuk, panaskan minyak dan masukkan biji sawi. Sebaik sahaja mereka memercik, masukkan biji jintan manis, lada hitam, dan daun kari.

b) Masukkan tomato cincang, serbuk kunyit, serbuk rasam, asafoetida, dan garam. Masak sehingga tomato lembut.

c) Tuangkan perahan asam jawa dan masak rasam sehingga mendidih. Reneh selama beberapa minit.

d) Hiaskan dengan daun ketumbar sebelum dihidangkan.

74. Sup Ketumbar dan Pudina

BAHAN-BAHAN:
- 1 cawan daun ketumbar segar
- 1/2 cawan daun pudina segar
- 1 bawang, dicincang
- 2 ulas bawang putih, dikisar
- 1 sudu kecil biji jintan manis
- 1/2 sudu kecil serbuk ketumbar
- 1/2 sudu kecil lada hitam
- 4 cawan sup sayur
- Garam secukup rasa
- Lemon wedges untuk dihidangkan

ARAHAN:

a) Dalam periuk, panaskan minyak dan masukkan biji jintan manis. Sebaik sahaja mereka memercik, masukkan bawang cincang dan bawang putih.

b) Tumis sehingga bawang lut sinar, kemudian masukkan daun ketumbar segar, daun pudina, serbuk ketumbar, lada hitam, dan garam.

c) Masak selama beberapa minit, kemudian tuangkan sup sayur-sayuran dan reneh sehingga herba lembut.

d) Kisar sup sehingga halus, kembalikan ke dalam periuk, dan sesuaikan perasa jika perlu.

e) Hidangkan bersama perahan lemon.

KARI

75.Kari labu dengan biji pedas

BAHAN-BAHAN:
- 3 cawan labu - dicincang dalam kepingan 1–2 cm
- 2 sudu besar minyak
- ½ sudu besar biji sawi
- ½ sudu besar biji jintan manis
- Cubit asafetida
- 5-6 helai daun kari
- ¼ Sudu besar biji fenugreek
- 1/4 sudu besar biji adas
- 1/2 Sudu besar halia parut
- 1 Sudu besar pes asam jawa
- 2 Sudu Besar - kelapa kering, dikisar
- 2 Sudu besar kacang tanah panggang
- Garam dan gula perang atau jaggery secukup rasa
- Daun ketumbar segar

ARAHAN:
a) Panaskan minyak dan masukkan biji sawi. Apabila mereka pop masukkan jintan manis, halba, asafetida, halia, daun kari dan adas. Masak selama 30 saat.

b) Masukkan labu dan garam. Masukkan pes asam jawa atau air dengan pulpa di dalamnya. Masukkan gula pasir atau gula merah. Masukkan kelapa kisar dan serbuk kacang. Masak selama beberapa minit lagi. Masukkan ketumbar cincang segar.

76.Kari Ikan Tamarind

BAHAN-BAHAN:
- 11/2 paun, ikan putih, dipotong menjadi kepingan
- 3/4 sudu teh dan 1/2 sudu teh serbuk kunyit
- 2 sudu teh pulpa asam jawa, direndam dalam 1/4 cawan air panas selama 10 minit
- 3 sudu besar minyak sayuran
- 1/2 sudu kecil biji sawi hitam
- 1/4 sudu kecil biji fenugreek
- 8 helai daun kari segar
- bawang besar, cincang
- Cili hijau Serrano, dibiji dan dikisar
- tomato kecil, dicincang
- 2 biji cili merah kering, ditumbuk kasar
- 1 sudu kecil biji ketumbar, ditumbuk kasar
- 1/2 cawan kelapa kering tanpa gula
- Garam meja, secukup rasa
- 1 cawan air

ARAHAN:

a) Letakkan ikan dalam mangkuk. Sapu rata dengan 3/4 sudu teh kunyit dan ketepikan lebih kurang 10 minit. Bilas dan keringkan.

b) Tapis asam jawa dan ketepikan cecairnya. Buang sisa.

c) Dalam kuali besar, panaskan minyak sayuran. Masukkan biji sawi dan biji fenugreek. Apabila mereka mula tergagap, masukkan daun kari, bawang besar, dan cili hijau. Tumis selama 7 hingga 8 minit atau sehingga bawang menjadi perang.

d) Masukkan tomato dan masak selama 8 minit lagi atau sehingga minyak mula terpisah dari bahagian adunan. Masukkan baki 1/2 sudu teh kunyit, cili merah, biji ketumbar, kelapa, dan garam; gaul rata, dan masak selama 30 saat lagi.

e) Masukkan air dan asam jawa yang telah ditapis; masak sehingga mendidih. Kecilkan api dan masukkan ikan. Masak dengan api perlahan selama 10 hingga 15 minit atau sehingga ikan betul-betul masak. Hidangkan panas.

77. Salmon dalam Kari Berperisa Saffron

BAHAN-BAHAN:
- 4 sudu besar minyak sayuran
- 1 biji bawang besar, cincang halus
- sudu kecil Pes Halia-Bawang Putih
- 1/2 sudu kecil serbuk cili merah
- 1/4 sudu kecil serbuk kunyit
- sudu teh serbuk ketumbar
- Garam meja, secukup rasa
- Salmon 1 paun, tulang dan
- kiub
- 1/2 cawan yogurt biasa, disebat
- 1 sudu teh Safron Panggang

ARAHAN:

a) Dalam kuali nonstick yang besar, panaskan minyak sayuran. Masukkan bawang dan tumis selama 3 hingga 4 minit atau sehingga telus. Masukkan Pes Halia-Bawang Putih dan tumis selama 1 minit.

b) Masukkan serbuk cili merah, kunyit, ketumbar, dan garam; gaul sebati. Masukkan salmon dan tumis selama 3 hingga 4 minit. Masukkan yogurt dan kecilkan api. Reneh sehingga salmon masak. Masukkan kunyit dan gaul rata. Masak selama 1 minit. Hidangkan panas.

78.Kari Bendi

BAHAN-BAHAN:
- 250g okra (jari wanita) – potong satu cm
- 2 Sudu besar halia parut
- 1 Sudu besar biji sawi
- 1/2 Sudu besar biji jintan manis
- 2 sudu besar minyak
- Garam secukup rasa
- Cubit asafetida
- 2–3 Sudu besar serbuk kacang tanah panggang
- Daun ketumbar

ARAHAN:
a) Panaskan minyak dan masukkan biji sawi. Apabila mereka pop masukkan jintan manis, asafetida dan halia. Masak selama 30 saat.
b) Masukkan bendi dan garam dan kacau sehingga masak. Masukkan serbuk kacang, masak selama 30 saat lagi.
c) Hidangkan bersama daun ketumbar.

79. Kari Kelapa Sayur

BAHAN-BAHAN:
- 2 biji kentang bersaiz sederhana, potong kiub
- 1 1/2 cawan bunga kobis - potong bunga
- 3 biji tomato r dicincang besar
- 1 sudu besar minyak
- 1 Sudu besar biji sawi
- 1 Sudu besar biji jintan manis
- 5-6 helai daun kari
- Secubit kunyit - pilihan
- 1 Sudu besar halia parut
- Daun ketumbar segar
- Garam secukup rasa
- Kelapa segar atau kering - dicincang

ARAHAN:
a) Panaskan minyak kemudian masukkan biji sawi. Apabila mereka meletop masukkan rempah yang tinggal dan masak selama 30 saat.
b) Masukkan bunga kobis, tomato dan kentang ditambah sedikit air, tutup dan renehkan, kacau sekali-sekala sehingga masak. Harus ada sedikit cecair yang tinggal. Jika ingin kari kering, goreng selama beberapa minit sehingga airnya sejat.
c) Masukkan kelapa, garam dan daun ketumbar.

80.Kari Sayur Asas

BAHAN-BAHAN:
- 250gm sayur-sayuran - dicincang
- 1 sudu teh minyak
- ½ sudu teh biji sawi
- ½ sudu teh biji jintan manis
- Cubit asafetida
- 4-5 helai daun kari
- ¼ sudu teh kunyit
- ½ sudu teh serbuk ketumbar
- Secubit serbuk cili
- Halia parut
- Daun ketumbar segar
- Gula/gula pasir dan garam secukup rasa
- Kelapa segar atau kering

ARAHAN:

a) Potong sayur kepada kepingan kecil (1–2 cm) bergantung kepada sayur.

b) Panaskan minyak kemudian masukkan biji sawi. Apabila mereka pop masukkan jintan manis, halia dan rempah yang tinggal.

c) Masukkan sayur dan masak. Pada ketika ini anda mungkin ingin menggoreng sayur sehingga masak atau tambah sedikit air, tutup periuk dan reneh.

d) Bila sayur dah masak masukkan gula, garam, kelapa dan ketumbar.

81. Kari Kobis

BAHAN-BAHAN:
- 3 cawan kobis - dicincang
- 1 sudu teh minyak
- 1 sudu kecil biji sawi
- 1 sudu kecil biji jintan manis
- 4-5 helai daun kari
- Cubit kunyit r pilihan
- 1 sudu kecil halia parut
- Daun ketumbar segar
- Garam untuk rasa
- Pilihan – ½ cawan kacang hijau

ARAHAN:
a) Panaskan minyak kemudian masukkan biji sawi. Apabila mereka meletop masukkan rempah yang tinggal dan masak selama 30 saat.
b) Masukkan kobis dan sayur-sayuran lain jika menggunakan, kacau sekali-sekala sehingga masak sepenuhnya. Jika perlu air boleh ditambah.
c) Masukkan garam secukup rasa dan daun ketumbar.

82.Kari Bunga Kobis

BAHAN-BAHAN:
- 3 cawan bunga kobis - potong bunga
- 2 biji tomato - dihiris
- 1 sudu teh minyak
- 1 sudu kecil biji sawi
- 1 sudu kecil biji jintan manis
- Cubit kunyit
- 1 sudu kecil halia parut
- Daun ketumbar segar
- Garam secukup rasa
- Kelapa segar atau kering - dicincang

ARAHAN:
a) Panaskan minyak kemudian masukkan biji sawi. Apabila mereka meletop masukkan rempah yang tinggal dan masak selama 30 saat. Jika menggunakan tambah tomato pada ketika ini dan masak selama 5 minit.

b) Masukkan bunga kobis dan sedikit air, tutup dan renehkan, kacau sekali-sekala sehingga betul-betul masak. Jika kari yang lebih kering dikehendaki, maka dalam beberapa minit terakhir tanggalkan tudung dan goreng. Masukkan kelapa dalam beberapa minit terakhir.

83. Kembang kol dan Kari Kentang

BAHAN-BAHAN:
- 2 cawan bunga kobis - potong bunga
- 2 biji kentang bersaiz sederhana, potong kiub
- 1 sudu teh minyak
- 1 sudu kecil biji sawi
- 1 sudu kecil biji jintan manis
- 5-6 helai daun kari
- Secubit kunyit - pilihan
- 1 sudu kecil halia parut
- Daun ketumbar segar
- Garam secukup rasa
- Kelapa segar atau kering - dicincang
- Jus lemon - secukup rasa

ARAHAN:

a) Panaskan minyak kemudian masukkan biji sawi. Apabila mereka meletop masukkan rempah yang tinggal dan masak selama 30 saat.

b) Masukkan bunga kobis dan kentang ditambah sedikit air, tutup dan renehkan, kacau sekali-sekala sehingga hampir masak.

c) Tanggalkan tudung dan goreng sehingga sayur masak dan air sejat.

d) Masukkan kelapa, garam, daun ketumbar dan jus lemon.

84. Kari Lentil dan Sayur Campur

BAHAN-BAHAN:
- ¼ cawan toor atau mung dal
- ½ cawan sayur – dihiris
- 1 cawan air
- 2 sudu teh minyak
- ½ sudu teh biji jintan manis
- ½ sudu teh halia parut
- 5-6 helai daun kari
- 2 biji tomato - dihiris
- Lemon atau asam jawa secukup rasa
- Jaggery secukup rasa
- ½ garam atau secukup rasa
- Sambhar masala
- Daun ketumbar
- Kelapa segar atau kering

ARAHAN:

a) Rebus bersama toor dan sayur-sayuran dalam periuk tekanan 15-20 minit (1 wisel) atau dalam periuk.

b) Dalam kuali yang berasingan panaskan minyak dan masukkan biji jintan manis, halia dan daun kari. Masukkan tomato dan masak 3-4 minit.

c) Masukkan campuran sambhar masala dan campuran dal sayuran.

d) Rebus bersama selama satu minit dan kemudian dan masukkan asam jawa atau limau, jaggery dan garam. Rebus selama 2-3 minit lagi. Hiaskan dengan kelapa dan ketumbar

85. Kentang, Kembang Kol dan Kari Tomato

BAHAN-BAHAN:
- 2 biji kentang bersaiz sederhana, potong kiub
- 1 1/2 cawan bunga kobis, potong bunga
- 3 biji tomato r dicincang besar
- 1 sudu teh minyak
- 1 sudu kecil biji sawi
- 1 sudu kecil biji jintan manis
- 5-6 helai daun kari
- Secubit kunyit - pilihan
- 1 sudu kecil halia parut
- Daun ketumbar segar
- Kelapa segar atau kering - dicincang

ARAHAN:
a) Panaskan minyak kemudian masukkan biji sawi. Apabila mereka meletop masukkan rempah yang tinggal dan masak selama 30 saat.

b) Masukkan bunga kobis, tomato dan kentang ditambah sedikit air, tutup dan renehkan, kacau sekali-sekala sehingga masak. Masukkan kelapa, garam dan daun ketumbar.

86.Kari labu

BAHAN-BAHAN:
- 3 cawan labu - dicincang dalam kepingan 1–2 cm
- 2 sudu teh minyak
- ½ sudu teh biji sawi
- ½ sudu teh biji jintan manis
- Cubit asafetida
- 5-6 helai daun kari
- ¼ sudu teh biji fenugreek
- 1/4 sudu teh biji adas
- 1/2 sudu teh halia parut
- 1 sudu kecil pes asam jawa
- 2 Sudu Besar - kelapa kering, dikisar
- 2 Sudu besar kacang tanah panggang
- Garam dan gula perang atau jaggery secukup rasa
- Daun ketumbar segar

ARAHAN:

a) Panaskan minyak dan masukkan biji sawi. Apabila mereka pop masukkan jintan manis, halba, asafetida, halia, daun kari dan adas. Masak selama 30 saat.

b) Masukkan labu dan garam.

c) Masukkan pes asam jawa atau air dengan pulpa di dalamnya. Masukkan gula pasir atau gula merah.

d) Masukkan kelapa kisar dan serbuk kacang. Masak selama beberapa minit lagi.

e) Masukkan ketumbar cincang segar.

87. Tumis Sayur

BAHAN-BAHAN:
- 3 cawan sayur cincang
- 2 sudu teh halia parut
- 1 sudu teh minyak
- ¼ sudu teh asafetida
- 1 Sudu besar kicap
- Herba segar

ARAHAN:

a) Panaskan minyak dalam kuali. Masukkan asafetida dan halia. Goreng selama 30 saat.

b) Masukkan sayur yang perlu masak paling lama seperti kentang dan lobak merah. Goreng seminit kemudian masukkan sedikit air, tutup dan reneh hingga separuh masak.

c) Masukkan baki sayur-sayuran seperti tomato, jagung manis dan lada hijau. Masukkan kicap, gula dan garam. Tutup dan renehkan sehingga hampir masak.

d) Keluarkan tudung dan goreng selama beberapa minit lagi.

e) Masukkan herba segar dan biarkan beberapa minit untuk herba sebati dengan sayur-sayuran.

88. Kari Tomato

BAHAN-BAHAN:
- 250gm tomato - dicincang menjadi kepingan seinci
- 1 sudu teh minyak
- ½ sudu teh biji sawi
- ½ sudu teh biji jintan manis
- 4-5 helai daun kari
- Cubit kunyit
- Cubit asafetida
- 1 sudu kecil halia parut
- 1 biji kentang – masak dan tumbuk – pilihan – untuk memekatkan
- 1 hingga 2 Sudu besar serbuk kacang tanah panggang
- 1 sudu besar kelapa kering - pilihan
- Gula dan garam secukup rasa
- Daun ketumbar

ARAHAN:

a) Panaskan minyak dan masukkan biji sawi. Bila dah meletop masukkan jintan manis, daun kari, kunyit, asafetida dan halia. Masak selama 30 saat.

b) Masukkan tomato dan teruskan kacau sekali-sekala sehingga masak. Air boleh ditambah untuk kari yang lebih cair.

c) Masukkan serbuk kacang tanah panggang, gula, garam dan kelapa jika digunakan, ditambah dengan kentang lecek. Masak seminit lagi. Hidangkan bersama daun ketumbar segar.

89. Kari Labu Putih

BAHAN-BAHAN:
- 250 g labu putih ra ms
- 1 sudu teh minyak
- ½ sudu teh biji sawi
- ½ sudu teh biji jintan manis
- 4-5 helai daun kari
- Cubit kunyit
- Cubit asafetida
- 1 sudu kecil halia parut
- 1 hingga 2 Sudu besar serbuk kacang tanah panggang
- Gula merah dan garam secukup rasa

ARAHAN:

a) Panaskan minyak dan masukkan biji sawi. Bila dah meletop masukkan jintan manis, daun kari, kunyit, asafetida dan halia. Masak selama 30 saat.

b) Masukkan labu putih, sedikit air, tutup dan renehkan, kacau sekali sekala hingga masak.

c) Masukkan serbuk kacang panggang, gula dan garam dan masak selama satu minit lagi.

PENJERAHAN

90. Kek Cawan Chai Latte

BAHAN-BAHAN:
UNTUK CAMPURAN REMPAH CHAI:
- 2 dan ½ sudu teh kayu manis tanah
- 1 dan ¼ sudu teh halia kisar
- 1 dan ¼ sudu teh buah pelaga yang dikisar
- ½ sudu teh lada sulah

UNTUK CUPCAKES:
- 1 beg teh chai
- ½ cawan (120ml) susu penuh, pada suhu bilik
- 1 dan ¾ cawan (207g) tepung kek (disudu & diratakan)
- 3 dan ½ sudu teh campuran rempah chai (di atas)
- ¾ sudu teh serbuk penaik
- ¼ sudu teh baking soda
- ¼ sudu teh garam
- ½ cawan mentega tanpa garam, dilembutkan
- 1 cawan gula pasir
- 3 putih telur besar, pada suhu bilik
- 2 sudu teh ekstrak vanila tulen
- ½ cawan krim masam atau yogurt biasa, pada suhu bilik

UNTUK BUTTERCREAM REMPAH CHAI:
- 1 dan ½ cawan mentega tanpa garam, dilembutkan
- 5.5 – 6 cawan gula kuih-muih
- 2 sudu teh campuran rempah chai, dibahagikan
- ¼ cawan krim berat
- 2 sudu teh ekstrak vanila tulen
- Sedikit garam

PILIHAN UNTUK HIASAN:
- Batang kayu manis

ARAHAN:
SEDIAKAN CAMPURAN REMPAH CHAI:
a) Satukan semua rempah chai untuk menghasilkan campuran rempah. Anda memerlukan 5 dan ½ sudu teh kesemuanya untuk adunan kek cawan, krim mentega dan hiasan.
b) Panaskan susu sehingga panas (tapi tidak mendidih), kemudian tuangkan ke atas uncang teh chai. Biarkan ia curam selama 20-30 minit. Pastikan susu chai berada pada suhu bilik sebelum

menggunakannya dalam adunan kek cawan. Ini boleh disediakan sehari sebelumnya dan disejukkan.

c) Panaskan ketuhar hingga 350°F (177°C) dan alaskan loyang muffin dengan pelapik kek cawan. Sediakan kuali kedua dengan 2-3 pelapik sebagai resipi ini

MEMBUAT CUPCAKES:

d) Dalam mangkuk yang berasingan, pukul bersama tepung kek, 3 dan ½ sudu teh campuran rempah chai, serbuk penaik, soda penaik dan garam. Ketepikan campuran kering ini.

e) Menggunakan pengadun pegang tangan atau berdiri, pukul mentega dan gula pasir sehingga licin dan berkrim (kira-kira 2 minit). Kikis bahagian tepi mangkuk mengikut keperluan. Masukkan putih telur dan teruskan pukul sehingga sebati (lebih kurang 2 minit lagi). Campurkan krim masam dan ekstrak vanila.

f) Pada kelajuan rendah, masukkan bahan kering secara beransur-ansur ke dalam adunan basah. Gaul sehingga sebati sahaja. Kemudian, dengan pengadun masih rendah, perlahan-lahan tuangkan susu chai, kacau sehingga sebati. Elakkan pencampuran berlebihan; adunan hendaklah sedikit pekat dan berbau harum.

g) Bahagikan adunan kepada pelapik kek cawan, isi setiap satu kira-kira ⅔ penuh.

h) Bakar selama 20-22 minit, atau sehingga pencungkil gigi yang dimasukkan ke tengah keluar bersih.

i) Untuk kek cawan mini, bakar selama kira-kira 11-13 minit pada suhu ketuhar yang sama. Biarkan kek cawan sejuk sepenuhnya sebelum dibekukan.

j) Buat Krim Mentega Rempah Chai: Dengan menggunakan pengadun pegang tangan atau berdiri yang dilengkapi dengan pengangkut dayung, pukul mentega lembut pada kelajuan sederhana sehingga berkrim (kira-kira 2 minit). Tambah 5½ cawan (660g) gula gula, krim pekat, 1¾ sudu teh campuran rempah chai, ekstrak vanila dan secubit garam.

k) Mulakan pada kelajuan rendah selama 30 saat, kemudian naikkan kepada kelajuan tinggi dan pukul selama 2 minit. Jika pembekuan kelihatan berkerut atau berminyak, tambahkan lebih banyak gula gula untuk mencapai konsistensi yang licin.

l) Anda boleh memasukkan sehingga ½ cawan gula gula tambahan jika perlu. Jika frosting terlalu tebal, tambah satu sudu krim. Rasa dan sesuaikan garam jika frosting terlalu manis.

m) Bekukan kek cawan yang telah disejukkan dan hiaskan seperti yang dikehendaki. Gunakan hujung paip Wilton 8B, tambah batang kayu manis untuk hiasan, dan taburkan dengan campuran campuran rempah chai yang tinggal dan secubit gula pasir.

n) Simpan apa-apa baki di dalam peti sejuk sehingga 5 hari.

o) Nikmati kek cawan chai latte buatan sendiri anda!

91. Masala Panna Cotta

BAHAN-BAHAN:
- ¼ cawan Susu
- 1 sudu besar daun teh
- 1 batang kayu manis
- 2 ulas buah pelaga
- ½ sudu teh Pala
- 2 cawan krim segar
- ⅓ cawan Gula
- Secubit lada hitam
- 1 sudu teh ekstrak vanila
- 1 sudu teh Gelatin
- 3 sudu besar air sejuk

ARAHAN:
a) Mulakan dengan melincirkan bahagian dalam empat ramekin enam auns dengan sedikit minyak. Lap mereka untuk mengeluarkan sebarang minyak yang berlebihan.

b) Dalam periuk, satukan susu, daun teh, kayu manis, buah pelaga dan buah pala. Didihkan, kemudian kecilkan api dan biarkan mendidih selama 2-3 minit.

c) Masukkan krim, gula, dan secubit lada hitam ke dalam periuk. Pukul dengan api perlahan sehingga gula larut sepenuhnya. Campurkan ekstrak vanila.

d) Semasa adunan sedang mendidih, kembangkan gelatin dengan menambahkannya ke dalam air sejuk. Setelah ia kembang sepenuhnya, masukkan ke dalam adunan panna cotta, pastikan ia sebati.

e) Tapis adunan menggunakan ayak dan kain kasa untuk mengeluarkan sedimen yang tertinggal. Bahagikan adunan licin ini ke dalam ramekin yang disediakan dan biarkan ia sejuk pada suhu bilik. Selepas itu, simpan dalam peti sejuk selama sekurang-kurangnya 3 jam, tetapi ia boleh disejukkan sehingga sehari.

f) Untuk membuka acuan panna cotta, jalankan pisau dengan perlahan di sepanjang tepi setiap ramekin. Kemudian, celupkan sebentar ramekin dalam air suam selama kira-kira 3-4 saat. Benarkan mereka duduk selama 5 saat lagi dan kemudian terbalikkannya ke atas pinggan. Ketik lembut untuk membantu melepaskan panna cotta.

g) Nikmati Masala Chai Panna Cotta anda yang indah!

92. Puding Beras Masala

BAHAN-BAHAN:
UNTUK NASI:
- 1 ½ cawan air
- 1 (3 inci) batang kayu manis
- 1 biji bunga lawang
- 1 cawan beras melati

UNTUK PUDING:
- 1 ¼ sudu teh kayu manis yang dikisar, ditambah lagi untuk hiasan
- 1 sudu teh halia kisar
- ¾ sudu teh buah pelaga kisar
- ½ sudu teh garam halal
- Secubit lada hitam yang dikisar
- 1 sudu teh ekstrak vanila
- 3 (13 ½ auns) tin santan tanpa gula, dibahagikan
- 1 cawan gula perang yang dibungkus
- Serpihan kelapa bakar, hiasan pilihan

ARAHAN:
a) Dalam periuk 4 liter, satukan air, batang kayu manis dan bunga lawang, dan biarkan air mendidih dengan api yang sederhana tinggi. Masukkan nasi dan kecilkan api. Tutup periuk dan kukus sehingga tidak lagi rangup, lebih kurang 15 minit.

b) Dalam mangkuk kecil, satukan rempah. Masukkan ekstrak vanila dan ¼ cawan santan ke dalam rempah, dan pukul untuk menghasilkan pes yang licin. Ini mengelakkan rempah daripada berketul apabila anda menambahnya ke dalam nasi kukus.

c) Apabila nasi telah masak, masukkan 4 cawan santan dan pes rempah ke dalam periuk. Kikis bahagian bawah periuk untuk melonggarkan nasi yang mungkin tersekat.

d) Bawa adunan hingga mendidih perlahan-lahan dengan api perlahan, tidak bertutup, dan masak tanpa kacau selama 15 minit. Permukaan puding beras harus membentuk buih kecil; jika gelembung besar dan bergerak pantas memecahkan permukaan susu, turunkan suhu. Jangan kacau kerana tidak mahu nasi hancur. Kulit akan terbentuk di permukaan, tetapi tidak mengapa!

e) Selepas 15 minit, masukkan gula perang dan kacau puding (juga kacau mana-mana kulit yang terbentuk). Apabila anda mengikis bahagian bawah periuk, ia akan berbunyi seperti kertas berdesir. Reneh selama

20 minit lagi, kacau kerap, atau sehingga puding telah pekat kepada konsistensi mayonis.

f) Keluarkan batang kayu manis dan bunga lawang dari puding dan buang. Pindahkan puding ke dalam hidangan cetek (seperti pinggan pai atau hidangan kaserol) dan simpan dalam peti sejuk tanpa penutup sehingga sejuk, sekurang-kurangnya 3 jam atau sehingga semalaman.

g) Sejurus sebelum dihidangkan, campurkan santan yang tinggal. Sudukan puding ke dalam hidangan hidangan individu dan hiaskan dengan taburan kayu manis yang dikisar dan serpihan kelapa panggang.

h) Simpan apa-apa sisa dalam bekas bertutup di dalam peti sejuk sehingga 3 hari.

93. Aiskrim Chai

BAHAN-BAHAN:
- 2 bintang anise bintang
- 10 ulas keseluruhan
- 10 biji lada sulah
- 2 batang kayu manis
- 10 biji lada putih keseluruhan
- 4 buah buah pelaga, dibuka kepada biji
- ¼ cawan teh hitam berbadan penuh (Ceylon atau sarapan Inggeris)
- 1 cawan susu
- 2 cawan krim berat (dibahagikan, 1 cawan dan 1 cawan)
- ¾ cawan gula
- secubit garam
- 6 biji kuning telur (lihat cara mengasingkan telur)

ARAHAN:
a) Ke dalam periuk berat masukkan 1 cawan susu, 1 cawan krim, dan rempah chai - bunga lawang, bunga cengkih, lada sulah, batang kayu manis, lada putih, dan buah pelaga, dan secubit garam.
b) Panaskan adunan sehingga wap (tidak mendidih) dan panas apabila disentuh. Kecilkan api hingga suam, tutup dan biarkan selama 1 jam.
c) Panaskan semula adunan sehingga wap panas semula (sekali lagi tidak mendidih), masukkan daun teh hitam, angkat dari api, kacau dalam teh, dan biarkan curam selama 15 minit.
d) Gunakan penapis jaringan halus untuk menapis teh dan rempah ratus, tuangkan campuran krim susu yang diselitkan ke dalam mangkuk yang berasingan.
e) Kembalikan campuran krim susu ke dalam periuk berdasar berat. Masukkan gula ke dalam campuran krim susu dan panaskan, kacau, sehingga gula larut sepenuhnya.
f) Semasa teh diselitkan dalam langkah sebelumnya, sediakan baki 1 cawan krim di atas tab mandi ais.
g) Tuangkan krim ke dalam mangkuk logam bersaiz sederhana, dan letakkan di dalam air ais (dengan banyak ais) di atas mangkuk

yang lebih besar. Tetapkan penapis mesh di atas mangkuk. Mengetepikan.

h) Pukul kuning telur dalam mangkuk bersaiz sederhana. Perlahan-lahan tuangkan campuran krim susu yang dipanaskan ke dalam kuning telur, kacau sentiasa supaya kuning telur dibancuh oleh adunan hangat tetapi tidak dimasak olehnya. Kikiskan kembali kuning telur yang telah dipanaskan ke dalam periuk.

i) Kembalikan periuk ke dalam dapur, kacau adunan sentiasa di atas api sederhana dengan sudu kayu, kikis bahagian bawah semasa anda kacau sehingga adunan menjadi pekat dan salutkan sudu supaya anda boleh melepasi salutan dengan jari anda dan salutan tidak mengalir. Ini boleh mengambil masa kira-kira 10 minit.

j) Sebaik sahaja ini berlaku, adunan hendaklah dikeluarkan dari haba serta-merta dan dituangkan melalui ayak ke atas tab mandi ais untuk menghentikan memasak dalam langkah seterusnya.

94. Kek Keju Masala

BAHAN-BAHAN:

CAMPURAN REMPAH CHAI
- 1 Sudu Teh Halia Kisar
- 1 Sudu Teh Kayu Manis Kisar
- ½ Sudu teh setiap Cengkih Kisar, Buah Pala dan Buah Pelaga

KERAK
- 7auns Biskut Biscoff/Speculoos, ditumbuk halus
- 1auns Mentega, cair
- 1 ½ Sudu Teh Campuran Rempah Chai

PENGISIAN KEK KEJU
- 16 auns Keju Krim, dilembutkan
- ½ cawan timbunan Gula Pasir
- 2 auns Krim Masam
- 1auns Krim Berat
- 1 Pod Kacang Vanila, dikikis
- 2 Sudu Teh Campuran Rempah Chai
- 2 biji Telur Besar, pada suhu bilik

TOPPING
- 8auns Krim Sebat Berat
- 1 Sudu Teh Ekstrak Vanila
- 2 Sudu Besar Gula Serbuk
- 2 Sudu Teh Susu Tepung Kering

ARAHAN:

CAMPURAN REMPAH CHAI

a) Panaskan ketuhar hingga 350F dan griskan kuali bentuk spring 8 inci atau kuali 8 inci dengan bahagian bawah boleh tanggal. Ketepikan.

b) Dalam mangkuk kecil, satukan halia yang dikisar, kayu manis, bunga cengkih, buah pala dan buah pelaga. Pukul sehingga sebati. Mengetepikan.

KERAK

c) Dalam pemproses makanan, masukkan biskut Biscoff dan nadi sehingga menjadi serbuk halus.

d) Dalam mangkuk besar, masukkan serbuk, 1 ½ sudu teh Rempah Chai, dan mentega cair. Gaul hingga sebati.

e) Tekan sekata adunan ke atas bahagian tepi dan bawah kuali. Bakar selama 10 minit dalam ketuhar.

KEK KEJU

f) Tambah keju krim ke dalam mangkuk pengadun elektrik yang dipasang dengan lampiran dayung. Pukul seminit.

g) Masukkan gula, krim masam, krim pekat, kacang vanila, dan 2 sudu teh Rempah Chai. Gaul hingga sebati.

h) Setelah sebati, masukkan telur satu persatu, hanya sehingga sebati. Elakkan adunan berlebihan untuk mengelakkan keretakan.

i) Tuangkan adunan kek keju ke dalam kerak yang telah dibakar.

j) Letakkan kuali dalam kuali bulat 10-inci atau bungkus lapisan kerajang tebal di sekeliling dan di atas sisi kuali (ini menghalang air daripada masuk ke dalam kuali).

k) Letakkan kuali dalam kuali pembakar dan tuangkan air ke dalam kuali pembakar sehingga separuh bahagian tepi kuali kek keju. Berhati-hati agar tidak menyimbah air di dalam kek keju.

l) Bakar selama 60-70 minit, atau sehingga hanya bahagian tengah kek keju bergoyang.

m) Setelah masak, matikan ketuhar dan biarkan kek keju sejuk di dalam ketuhar selama 1 jam. Kemudian sejukkan di kaunter selama sejam tambahan dan sejukkan sekurang-kurangnya 8 jam. Semalaman adalah yang terbaik.

TOPPING

n) Dalam mangkuk pengadun elektrik dengan lampiran pukul, pukul krim kental, ekstrak vanila, gula tepung, dan susu tepung kering sehingga membentuk puncak kaku.

o) Dalam beg paip yang dipasang dengan hujung bintang, tambah krim putar dan paipkannya pada kek keju yang telah disejukkan.

p) Taburkan baki rempah Chai di atas kek keju dan krim putar.

q) Simpan dalam peti ais.

95. Masala Chai Tiramisu

BAHAN-BAHAN:

UNTUK MASALA CHAI:
- 1 cawan separuh & separuh atau susu keseluruhan
- ¼ cawan krim berat
- ½ inci halia segar, ditumbuk kasar dalam alu lesung
- 1.5 sudu teh hitam lepas atau 3 uncang teh hitam
- 1 sudu teh chai masala
- 2 sudu besar gula

UNTUK KRIM SEBAT MASCARPONE:
- 8 auns keju mascarpone pada suhu bilik
- 1.5 cawan krim pekat
- ½ cawan gula pasir (boleh turun ke ⅓ cawan)
- 1.5 sudu teh chai masala
- 20 jari jemari

UNTUK CHAI MASALA:
- 8 biji buah pelaga hijau
- 2 ulas
- Secubit serbuk anise
- ¼ sudu teh pala, parut baru
- ¼ sudu teh serbuk lada hitam
- ½ sudu teh kayu manis tanah

ARAHAN:

BUAT CHAI MASALA:
a) Buka buah pelaga dan tumbuk halus biji bersama bunga cengkih dalam lesung atau gunakan pengisar rempah/kopi khusus.
b) Dalam mangkuk kecil, campurkan serbuk pelaga & bunga cengkih dengan bunga lawang, buah pala, serbuk lada hitam, dan kayu manis yang dikisar. chai masala anda sudah siap.

BUAT MASALA CHAI:
c) Dalam periuk kecil, satukan separuh dan separuh krim kental. Letakkan di atas dapur. Sebaik sahaja anda melihat buih di tepi periuk, masukkan halia, chai masala, daun teh hitam dan gula.
d) Biarkan ia mendidih dan kemudian kecilkan api kepada sederhana rendah. Biarkan chai dibancuh selama 5-8 minit. Berhati-hati untuk mengelak daripada terbakar.
e) Setelah chai dibancuh dan tebal serta berwarna perang pekat, tapis menggunakan penapis teh ke dalam cawan besar dan biarkan ia sejuk.

f) Filem akan terbentuk apabila chai sejuk, yang semulajadi, jadi tapis sekali lagi ke dalam hidangan kecil.

BUAT MASCARPONE SEBAT:

g) Masukkan mascarpone yang telah dilembutkan bersama chai masala dan 2-3 sudu besar krim kental. Pukul pada medium menggunakan pengadun berdiri atau pengadun tangan selama 30-45 saat sehingga sedikit kembang.

h) Masukkan baki krim berat ke dalam mangkuk dan pukul sehingga anda melihat puncak lembut. Perlahan-lahan masukkan gula dan teruskan pukul sehingga nampak stiff peak.

HIMPUNKAN TIRAMISU:

i) Celupkan ladyfingers dalam masala chai selama maksimum 3 saat (kalau tidak ia akan menjadi basah). Lapiskannya dalam satu lapisan di bahagian bawah kuali 8x8. Elakkan membungkus jari wanita terlalu ketat.

j) Masukkan separuh daripada adunan mascarpone yang disebat di atas ladyfingers. Ratakan menggunakan spatula.

k) Ulangi dengan satu lagi lapisan ladyfingers yang dicelup chai. Letakkan campuran mascarpone yang tinggal di atas dan gunakan spatula untuk melicinkannya.

l) Tutup kuali dengan filem berpaut dan sejukkan sekurang-kurangnya 6 jam (sebaik-baiknya semalaman).

m) Taburkan dengan sedikit chai masala sebelum dihidangkan.

96. Rangup Epal Rempah Chai

BAHAN-BAHAN:

UNTUK ISI EPAL REMPAH CHAI:
- 10 epal bersaiz sederhana, dikupas dan dihiris menjadi kepingan ¼".
- 2 sudu teh jus lemon segar
- 2 sudu besar tepung serba guna
- ½ cawan gula pasir
- 1 dan ½ sudu teh kayu manis tanah
- 1 sudu teh halia kisar
- ½ sudu teh buah pala
- ¼ sudu teh bunga cengkih
- ¼ sudu teh lada sulah
- ¼ sudu teh buah pelaga yang dikisar
- ⅛ sudu teh lada hitam yang dikisar

UNTUK TOPPING OATMEAL CHAI RANGUP:
- 8 auns mentega tanpa garam, pada suhu bilik, dipotong menjadi kiub
- 1 dan ½ cawan oat kuno
- ¾ cawan gula pasir
- ¾ cawan gula perang muda, padat
- ¾ sudu teh kayu manis tanah
- ½ sudu teh halia kisar
- ¼ sudu teh bunga cengkih kisar
- ¼ sudu teh lada sulah
- ¼ sudu teh buah pelaga yang dikisar
- ⅛ sudu teh lada hitam yang dikisar
- 1 cawan tepung serba guna

ARAHAN:

UNTUK ISI EPAL REMPAH CHAI:
a) Panaskan ketuhar hingga 375 darjah (F). Lumurkan sedikit loyang bersaiz 9x13 inci.
b) Letakkan epal yang dihiris dalam mangkuk besar dan toskan dengan jus lemon.
c) Dalam mangkuk sederhana, satukan tepung, gula, dan rempah. Taburkan campuran ini ke atas epal dan toskan dengan baik.
d) Tuangkan adunan epal ke dalam loyang yang telah disediakan dan ketepikan semasa anda membuat topping serbuk.

UNTUK TOPPING OATMEAL CHAI RANGUP:
e) Dalam mangkuk besar, satukan oat, gula, rempah, dan tepung.

f) Masukkan mentega kiub dan, menggunakan dua garpu atau pengisar pastri, potong mentega ke dalam bahan kering sehingga adunan menyerupai hidangan kasar.
g) Taburkan topping secara merata ke atas epal.
h) Letakkan kuali di dalam ketuhar dan bakar selama 45 hingga 50 minit, atau sehingga bahagian atas berwarna perang keemasan dan epal menggelegak.
i) Keluarkan dari ketuhar dan letakkan kuali di atas rak penyejuk. Hidangkan hangat, sebaik-baiknya dengan aiskrim.

97. Kheer Berempah Pelaga (Puding Beras India)

BAHAN-BAHAN:
- 1/2 cawan beras Basmati
- 4 cawan susu penuh
- 1/2 cawan gula
- 1/2 sudu kecil serbuk buah pelaga
- Helai kunyit (pilihan)
- Kacang cincang (badam, pistachio) untuk hiasan

ARAHAN:
a) Basuh beras dan masak dalam susu sehingga nasi lembut dan adunan pekat.
b) Masukkan gula, serbuk buah pelaga, dan helai kunyit. Masak sehingga kheer mencapai konsistensi berkrim.
c) Hiaskan dengan kacang cincang dan hidangkan sama ada hangat atau sejuk.

98. Gulab Jamun

BAHAN-BAHAN:
- 1 cawan susu tepung
- 1/4 cawan tepung serba guna
- 1/4 cawan minyak sapi (mentega jelas)
- Susu (mengikut keperluan untuk membuat doh)
- 1 cawan gula
- 1 cawan air
- Buah pelaga (ditumbuk)
- Helai kunyit (pilihan)
- Minyak atau minyak sapi untuk menggoreng

ARAHAN:

a) Campurkan susu tepung, tepung serba guna, dan minyak sapi untuk membentuk doh lembut menggunakan susu.

b) Bahagikan doh kepada bebola kecil dan goreng hingga kekuningan.

c) Dalam kuali yang berasingan, buat sirap gula dengan gula, air, buah pelaga, dan kunyit.

d) Rendam bebola goreng dalam sirap gula selama beberapa jam sebelum dihidangkan.

99.Kek Berempah Masala Chai

BAHAN-BAHAN:
- 2 cawan tepung serba guna
- 1 cawan gula
- 1 cawan yogurt
- 1/2 cawan minyak sayuran
- 1 sudu kecil serbuk penaik
- 1/2 sudu teh baking soda
- 1/2 sudu kecil serbuk buah pelaga
- 1/2 sudu teh serbuk kayu manis
- 1/4 sudu teh serbuk halia
- 1/4 sudu kecil serbuk cengkih
- Secubit garam

ARAHAN:
a) Panaskan ketuhar hingga 350°F (180°C) dan sapukan loyang kek.
b) Dalam mangkuk, campurkan semua Bahan kering, dan dalam mangkuk lain, pukul bersama yogurt dan minyak.
c) Satukan Bahan basah dan kering, gaul rata, dan tuangkan adunan ke dalam loyang kek.
d) Bakar selama 30-35 minit atau sehingga pencungkil gigi yang dimasukkan keluar bersih.
e) Biarkan kek sejuk sebelum dihidangkan.

100.Kuih Berempah Chai

BAHAN-BAHAN:
- 2 cawan bijirin nasi rangup
- 1 cawan mentega badam
- ½ cawan madu
- 1 sudu teh campuran rempah chai (kayu manis, buah pelaga, halia, bunga cengkih, buah pala)
- 1 sudu teh ekstrak vanila
- Secubit garam

ARAHAN:

a) Dalam mangkuk adunan besar, satukan bijirin beras rangup dan campuran rempah chai.

b) Dalam periuk kecil, panaskan mentega badam, madu, ekstrak vanila, dan garam dengan api perlahan, kacau sehingga sebati.

c) Tuang campuran mentega badam ke atas campuran bijirin dan rempah dan gaul sehingga semuanya bersalut rata.

d) Bentukkan adunan menjadi biskut atau tekan ke dalam loyang beralas dan potong ke dalam bar.

e) Sejukkan selama kira-kira 1 jam atau sehingga ditetapkan.

KESIMPULAN

Sambil kami mengakhiri perjalanan kami yang sarat dengan rempah ratus melalui "Buku Masakan Kotak Masala India Terunggul," saya harap dapur anda telah menjadi kanvas untuk warna-warna cerah dan simfoni aromatik yang mentakrifkan masakan India. Buku masakan ini lebih daripada koleksi resipi; ia adalah perayaan kepelbagaian rasa dan kekayaan budaya yang menjadikan masakan India sebagai khazanah masakan global.

Terima kasih kerana menyertai saya dalam penerokaan ini, daripada pasar rempah wangi hingga ke dapur yang menyejukkan hati di mana masalas mencipta keajaiban. Semoga intipati resipi berperisa ini kekal di rumah anda, mencipta bukan sahaja hidangan tetapi kenangan yang diselitkan dengan semangat India.

Sambil anda menikmati suapan terakhir hidangan ini, ingatlah bahawa kotak masala bukan sekadar bekas rempah—ia adalah pintu masuk ke dunia kulinari. Selamat memasak, dan semoga dapur anda terus dipenuhi dengan kehangatan, aroma dan rasa yang menjadikan masakan India benar-benar luar biasa. Shukriya (terima kasih) dan selamat memasak!

www.ingramcontent.com/pod-product-compliance
Lightning Source LLC
Chambersburg PA
CBHW050020130526
44590CB00042B/1125